用于国家职业技能鉴定

YONGYU GUOJIA ZHIYE JINENG JIANDING

国家职业资格培训教程

GUOJIA ZHIYE ZIGE PEIXUN JIAOCHENG

冷藏工

（中级）

第2版

编审委员会

主　任　刘　康

副主任　张亚男

委　员　隋继学　张文叶　章银良　鲍　琳　程花蕊

　　　　时　阳　龚　毅　贾丰良　陈　蕾　张　伟

编审人员

主　编　章银良

编　者　李昌文　姜春鹏　陈　莲

主　审　龚　毅

审　稿　刘　冰

中国劳动社会保障出版社

图书在版编目(CIP)数据

冷藏工．中级/中国就业培训技术指导中心组织编写．—2 版．—北京：中国劳动社会保障出版社，2012

国家职业资格培训教程

ISBN 978-7-5167-0076-1

Ⅰ.①冷…　Ⅱ.①中…　Ⅲ.①冷藏-技术培训-教材　Ⅳ.①TS205.7

中国版本图书馆 CIP 数据核字(2012)第 306582 号

中国劳动社会保障出版社出版发行

（北京市惠新东街1号　邮政编码：100029）

出版人：张梦欣

*

北京世知印务有限公司印刷装订　　新华书店经销

787 毫米×1092 毫米　16 开本　8 印张　137 千字

2013 年 1 月第 2 版　　2013 年 1 月第 1 次印刷

定价：16.00 元

读者服务部电话：(010) 64929211/64921644/84643933

发行部电话：(010) 64961894

出版社网址：http://www.class.com.cn

前　言

为推动冷藏工职业培训和职业技能鉴定工作的开展，在冷藏工从业人员中推行国家职业资格证书制度，中国就业培训技术指导中心在完成《国家职业技能标准·冷藏工》（2009年修订）（以下简称《标准》）制定工作的基础上，组织参加《标准》编写和审定的专家及其他有关专家，编写了冷藏工国家职业资格培训系列教程（第2版）。

冷藏工国家职业资格培训系列教程（第2版）紧贴《标准》要求，内容上体现“以职业活动为导向、以职业能力为核心”的指导思想，突出职业资格培训特色；结构上针对冷藏工职业活动领域，按照职业功能模块分级别编写。

冷藏工国家职业资格培训系列教程（第2版）共包括《冷藏工（基础知识）（第2版）》《冷藏工（初级）（第2版）》《冷藏工（中级）（第2版）》《冷藏工（高级）（第2版）》4本。《冷藏工（基础知识）（第2版）》内容涵盖《标准》的“基本要求”，是各级别冷藏工均需掌握的基础知识；其他各级别教程的章对应于《标准》的“职业功能”，节对应于《标准》的“工作内容”，节中阐述的内容对应于《标准》的“技能要求”和“相关知识”。

本书是冷藏工国家职业资格培训系列教程（第2版）中的一本，适用于对中级冷藏工的职业资格培训，是国家职业技能鉴定推荐辅导用书，也是中级冷藏工职业技能鉴定国家题库命题的直接依据。

本书在编写过程中得到河南省人力资源和社会保障厅、河南省制冷学会、郑州轻工业学院、郑州牧业工程高等专科学校、河南省化工职业学院等单位的大力支持与协助，在此一并表示衷心的感谢。

中国就业培训技术指导中心

目 录

CONTENTS 国家职业资格培训教程

第1章 冷藏前预处理

第1节 消　　毒

学习单元1 配制消毒剂

学习目标

- 熟悉消毒剂的功能和特点。
- 了解影响消毒剂功能的因素。
- 能够进行消毒剂的配制作业。

知识要求

消毒（disinfection）是指杀死病原微生物，但不一定能杀死细菌芽孢的方法。通常用化学的方法来达到消毒的目的。用于消毒的化学药物叫做消毒剂。灭菌是指把物体上所有的微生物（包括细菌芽孢在内）全部杀死的方法，通常用物理方法来达到灭菌的目的。消毒剂是泛指能杀死微生物的消毒药剂，并非一定要杀死所有的微生物，包括细菌芽孢；而灭菌剂是特指那些能杀死所有微生物（包括100%杀死细菌芽孢）的高效消毒剂。

常用的消毒方法有物理法和化学法。物理消毒法有热消毒法、紫外线消毒法、电离辐射法、微波法等。最常用的是热消毒法和紫外线消毒法。化学消毒法是指利用化学药物杀灭病原微生物的方法。理想的化学消毒剂应具备以下条件：杀菌广谱；使用浓度低；作用速度快；性质稳定；易溶于水；可在低温下使用；不易受有机物、酸、碱及其他物理、化学等因素的影响；对物品无腐蚀性；无色、无味，消毒后易于除去残留药物；无毒或毒性低；使用无危险；价格低廉；便于运输，可以大量供应等。

一、消毒剂的功能和特点

1. 常用消毒剂及其功能和特点

（1）乳酸

乳酸的英文名为 Lactic acid；2 - Hydroxy propionic acid，别名 2 - 羟基丙酸、α - 羟基丙酸、丙醇酸，分子简式为 $CH_3CH(OH)COOH$。纯品为无色液体，工业品为无色到浅黄色液体。无气味，具有吸湿性。相对密度为 1.206（25/4℃）。熔点为 18℃，沸点为 122℃（2 kPa）。折射率 n_D（20℃）为 1.439 2。能与水、乙醇、甘油混溶，不溶于氯仿、二硫化碳和石油醚。在常压下加热分解，浓缩至 50% 时，部分变成乳酸酐，因此产品中常含有 10% ~15% 的乳酸酐。乳酸类消毒剂为外用杀菌防腐剂，对革兰阳性细菌及少数革兰阴性细菌有较强的杀灭作用，对球菌尤其是链球菌的抗菌作用较好。用于各种创伤、渗出、糜烂的感染性皮肤病及伤口冲洗，也可用熏蒸消毒病房空气等。

（2）硫黄

硫黄为浅黄色固体，燃烧时产生二氧化硫，二氧化硫遇水蒸气生成亚硫酸，亚硫酸附着于菌体细胞，夺取细胞中的氧使菌体细胞脱氧而死。空间消毒一般每立方米用硫黄 20 g，放入盘内点燃。为增加燃烧效果，可在盘内加入部分木屑或酒精，密闭 24 h 即可达到灭菌效果。另外向空间喷水可以增强效果，这是因为增加了空气湿度。常与其他消毒药品交替使用，以防杂菌产生抗药性。

（3）漂白粉

漂白粉用于消毒剂已有 100 多年的历史，虽有不稳定等缺点，但因其价格低廉及杀菌广谱，现仍用于饮用水、污水、排泄物及其污染环境的消毒。

现在工业上的漂白粉是向消石灰或石灰乳中通入氯气制取的。消石灰中含有的水分要略少于 1%（质量分数），因为极干燥的消石灰是不跟氯气反应的。生产漂白粉的反应过程比较复杂，主要反应可以表示如下：

$$3Ca(OH)_2 + 2Cl_2 = Ca(ClO)_2 + CaCl_2 \cdot Ca(OH)_2 \cdot H_2O + H_2O$$

在较高级的漂白粉中，氯还可按下面的化学方程式进行，反应比较完全：

$$2CaCl_2 \cdot Ca(OH)_2 \cdot H_2O + 2Cl_2 + 8H_2O = Ca(ClO)_2 + 3CaCl_2 \cdot 4H_2O$$

漂白粉是混合物，有效成分是 $Ca(ClO)_2$，商品漂白粉中往往含有 $Ca(OH)_2$、Cl_2、$CaCl_2$等杂质。次氯酸钙很不稳定，遇水会发生以下反应：

$$Ca(ClO)_2 + 2H_2O = Ca(OH)_2 + 2HClO$$

当溶液中碱性增大时，漂白作用进行缓慢。要短时间内达到漂白的效果首先必须除去 $Ca(OH)_2$，所以工业上使用漂白粉时要加入少量弱酸，如醋酸等，或加入少量的稀盐酸。家庭使用漂白粉不必加酸，因为空气中的二氧化碳溶在水里也起弱酸的作用，其反应式如下：

$$Ca(ClO)_2 + H_2O + CO_2 = CaCO_3\downarrow + 2HClO$$

漂白粉的质量是按它的“有效氯”以及它能长时间保持有效氯的能力来决定的。有效氯是根据它同盐酸作用时产生的氯气的量来计算的。反应的化学方程式是：

$$Ca(ClO)_2 + 4HCl = 2Cl_2 + CaCl_2 + 2H_2O$$

$$Cl_2 + 2HI = 2HCl + I_2$$

反应生成的碘是用硫代硫酸钠（$Na_2S_2O_3$）溶液来滴定的。漂白粉的氧化能力（漂白作用主要是由氧化反应引起的）是用有效氯的质量分数来表示的，工业品漂白粉一般含有效氯 35%，高的可达到 40%。

一般情况下，漂白粉对人基本无害。但是，如果漂白粉量过大或使用不当，也会对人造成毒害。如皮肤接触时，应立即脱去被污染的衣物，然后用肥皂水和清水彻底冲洗皮肤，严重时要尽快就医；眼睛接触时，应提起眼睑，用流动清水或生理盐水冲洗并尽快就医；吸入时，应迅速脱离现场至空气清新处，保持呼吸道畅通，如呼吸困难，应输氧气，如呼吸停止，应立即进行人工呼吸，并快速送医院救治；万一误食，应立即饮用足量温水，并催吐，并尽快就医。

（4）臭氧

臭氧（O_3）是强氧化剂，臭氧化和氯化一样，既起消毒的作用，也起氧化作用，但是臭氧的消毒能力和氧化性都比氯强，它能氧化水中的有机物，并能杀死病毒、芽孢及细菌。臭氧都是在现场用空气或纯氧通过臭氧发生器制取的，产率分别为1%～3%和2%～6%。

臭氧是一种具有特殊的刺激性气味的不稳定气体，常温下为浅蓝色，液态呈深蓝色。臭氧是常用氧化剂中氧化能力最强的，在水中的氧化还原电位为 2.07 V，而氯为1.36 V，二氧化氯为1.50 V。另外，臭氧具有较强的腐蚀性。它在空气中会慢慢自行分解为氧气，同时放出大量的热量。当其浓度超过25%时，很容易爆炸。但一般空气中臭氧的浓度不超过10%，不会发生爆炸。在标准压力和温度下，纯臭氧的溶解度比氧大10倍，比空气大25倍。0℃时，纯臭氧在水中的溶解度可达1.371 g/L。臭氧在水中不稳定，在含杂质的水溶液中迅速分解为氧气，并产生氧化能力极强的单原子氧（O）和羟基（OH）等具有极强灭菌作用的物质。其中羟基的氧化还原电位为2.80 V。20℃时，臭氧在自来水中的半衰期约为20 min。

臭氧溶于水后会发生两种反应：一种是直接氧化，反应速度慢，选择性高，易与苯酚等芳香族化合物、乙醇及胺等反应；另一种是臭氧分解产生羟基自由基从而引发的链反应，此反应还会产生十分活泼的、具有强氧化能力的单原子氧（O），可瞬时分解水中有机物质、细菌和微生物。具体反应式如下：

$$O_3 \rightarrow O_2 + (O)$$

$$(O) + H_2O \rightarrow 2OH$$

羟基是强氧化剂、催化剂，引起的连锁反应可使水中有机物充分降解。

当溶液pH值高于7时，臭氧自分解加剧，自由基型反应占主导地位，这种反应速度快，选择性低。

由上述机理可知，在水处理中，臭氧能氧化水中的多数有机物而使之降解，还能氧化酚、氨氮、铁、锰等无机还原物质。此外，由于臭氧具有很高的氧化还原电位，能破坏或分解细菌的细胞壁，容易通过微生物细胞膜迅速扩散到细胞内并氧化其中的酶等有机物；或破坏其细胞膜、组织结构中的蛋白质、核糖核酸等，从而导致细胞死亡。因此，臭氧不仅能够除藻杀菌，而且对病毒、芽孢等生命力较强的微生物也能起到很好的灭活作用。

与常规消毒灭菌方法相比，臭氧消毒灭菌方法有以下特点：

1）高效性。臭氧消毒以空气为媒质，不需要其他任何辅助材料和添加剂。进行消毒时臭氧发生器产生一定量臭氧，在相对密封的环境下扩散均匀，包容性好，克服了紫外线杀菌时的诸多死角，可达到全方位快速、高效消毒灭菌的目的。另外，它的灭菌谱广，既可杀灭细菌繁殖体、芽孢、甲型和乙型肝炎病毒、真菌和原虫孢体等多种病毒，还可以破坏肉毒杆菌、毒素及立克次氏体等，同时还具有很强的除霉、腥、臭等异味的功能。

2）高洁净性。臭氧快速自然分解为氧的特性是臭氧作为消毒灭菌剂的独特优点。臭氧是利用空气中的氧气产生的，在消毒氧化过程中，多余单原子氧（O）在30 min后又结合成氧分子（O_2），不存在任何残留物，解决了消毒剂消毒方法产生的二次污染问题，同时省去了消毒结束后的再次清洁工作。

3）方便性。臭氧灭菌器一般安装在洁净室内、空气净化系统中或灭菌设备内（如臭氧灭菌柜、传递窗等）。根据调试验证的灭菌浓度及时间，设置灭菌器的开启时间及运行时间，操作及使用方便。若用甲醛熏蒸消毒时间长，臭氧消毒则可以天天定时开启使用。

4）经济性。在许多制药行业及医疗卫生单位，臭氧消毒方法与其他方法相比具有很大的经济效益和社会效益。在当今工业快速发展的过程中，环保问题特别重要，而臭氧消毒却避免了其他消毒方法产生的二次污染。

2. 其他消毒剂的功能和特点

（1）氯胺—T（chloramine T）

氯胺—T 为有机氯消毒剂，含有效氯 24% ~26%，较稳定，密闭保持一年，仅丧失有效氯 0.1%。微溶于水（12%），刺激性和腐蚀性较小，作用比次氯酸缓慢。0.2% 溶液 1 h 可杀灭细菌繁殖体，5% 溶液 2 h 可杀灭结核杆菌，杀灭芽孢需 10 h 以上。各种铵盐可促进其杀菌作用。1% ~2.5% 溶液对肝炎病毒也有作用。活性液体须用前 1 ~2 h 配制，时间过久则杀菌作用降低。

（2）过氧乙酸（peroxy—acetic acid）

过氧乙酸又名过氧醋酸，为无色透明液体，易挥发，有刺激性酸味，是一种高效、速效消毒剂，易溶于水和乙醇等有机溶剂，具有漂白和腐蚀作用，性质不稳定，遇热、有机物、重金属离子、强碱等易分解。0.01% ~0.5% 溶液 0.5 ~10 min 可杀灭细菌繁殖体，1% 溶液 5 min 可杀灭芽孢，常用浓度为 0.5% ~2%，可通过浸泡、喷洒、擦抹等方法进行消毒，在密闭条件下进行气雾（5% 浓度，2.5 mL/m^2）和熏蒸（0.75 ~1.0 g/m^3）消毒。

（3）过氧化氢

过氧化氢 3% ~6% 溶液 10 min 可以消毒。过氧化氢 10% ~25% 溶液 60 min 可以灭菌，用于不耐热的塑料制品、餐具、服装等消毒。用 10% 过氧化氢气溶胶喷雾消毒室内污染表面：180 ~200 mL/m^3，30 min 能杀灭细菌繁殖体；400 mL/m^3，60 min 可杀灭芽孢。

（4）福尔马林

福尔马林为 34% ~40% 的甲醛溶液，有较强的杀菌作用。1% ~3% 溶液可杀死细菌繁殖体，5% 溶液 90 min 可杀死芽孢，室内熏蒸消毒一般用 20 mL/m^3 溶液加等量水，持续 10 h；消除芽孢污染则需 80 mL/m^3 持续 24 h。另外，因其穿透力差，刺激性大，故待消毒物品应摊开，房屋须密闭。

（5）二氧化氯

二氧化氯属高效消毒剂，具有广谱、高效、速效杀菌作用。对金属有腐蚀性，对织物有漂白作用，消毒效果受有机物影响较大，二氧化氯活化液和稀释液不稳定。适用于医疗卫生、食品加工、餐（茶）具、饮用水及环境表面等消毒。使用方法是浸泡、擦拭、喷洒。

（6）紫外线杀菌法

紫外线杀菌法一般应用于无菌室、接种箱、超净工作台内的灭菌，只适用于空气和物体表面的消毒。使用方法：一般照射 20～30 min，可杀死空气中 95% 的细菌。在黑暗中使用紫外线的杀菌机理：导致菌体细胞内核酸和酶发生光化学变化，从而使细胞死亡；紫外线可使空气中的氧气产生臭氧，臭氧也具有杀菌作用。

二、影响消毒剂功能的因素

1. 消毒剂的浓度

杀灭微生物的基本条件包括消毒强度和时间两方面。消毒强度在化学消毒时是指消毒剂使用的浓度，消毒效果与消毒剂浓度和时间成正比。

2. 微生物污染的种类和数量

生物的种类不同，对其消毒的效果自然不同，另外微生物数量的多少也会影响消毒效果。

3. 温度

一般来说，温度越高消毒效果越好。

4. 相对湿度

消毒环境的相对湿度对气体消毒和熏蒸消毒的影响十分明显，湿度过高或过低都会影响消毒效果。二氧化氯在相对湿度为 50%～70% 时杀菌效果较好。

5. 酸碱度（pH 值）

一方面 pH 值对消毒剂本身的影响是会降低或提高消毒剂的活性；另一方面，pH 值对微生物的影响是二氧化氯在酸性环境下杀菌效果较好。

6. 有机物质

消毒环境中的有机物质往往能抑制或减弱消毒因子的杀菌能力，一方面有机物包围在微生物周围，对微生物起到保护作用，阻碍消毒因子的穿透；另一方面在化学消毒剂中，有机物本身也能通过化学反应消耗一部分化学消毒剂。各种消毒剂受有机物的影响不尽相同，二氧化氯受有机物影响较小。

7. 拮抗物质

对于化学消毒方法，要注意拮抗物质的中和与干扰。如酸性或碱性的消毒剂会被碱性或酸性的物质所中和，减弱其消毒作用。

三、消毒剂选择标准

1. 对被处理物品和环境的安全性

要求选择无毒、无残留、无腐蚀等无二次污染的消毒剂。

2. 杀菌效果

要求使用快速、高效、广谱性及受环境影响小的消毒剂。

3. 经济性

要求使用浓度和价格低的消毒剂。

4. 使用方便性

要求选择使用方法简单、方便的消毒剂。

四、消毒剂的使用方法及注意事项

1. 乳酸

乳酸是一种可靠的消毒剂，它能除霉、杀菌和除臭。使用方法是先将库房出清并打扫干净，每立方米用 1 mL 粗制乳酸，每份乳酸再加 1 ~ 2 份清水，将混合液放在搪瓷盆内，置于电炉上加热蒸发，一般要求将药液控制在 0.5 ~ 3 h 蒸发完。然后关闭电炉，密闭库门达 6 ~ 24 h，使乳酸充分与细菌或霉菌作用，以达到消毒的目的。

2. 硫黄

消毒方法可以点燃硫黄熏蒸，用量大约为每立方米库容用硫黄 10 g，如果库内设备、容器或产品已发生过微生物病害或生霉的问题，硫黄用量可适当增加。熏蒸时关闭库门和通风系统，点燃硫黄熏 14 ~ 28 h 后，继续关闭 24 ~ 48 h，然后打开通风系统和库门，彻底排除残留的二氧化硫气体，因残留的二氧化硫浓度过高可能伤害产品。硫黄燃烧产生的二氧化硫气体遇水生成亚硫酸，对微生物有强烈的破坏作用，从而抑制其繁殖生长，避免产品发生腐烂或微生物病害。同时亚硫酸也会腐蚀金属材料，应特别注意加以保护。

3. 漂白粉

对房屋、墙壁、地面消毒时，用漂白粉 20 g 加水 5 kg，搅匀静置约 10 min 后取澄清液使用。喷雾或洗擦（漂白粉喷撒 20 g/m^2，2 h），喷雾时表面渗透要均匀，空气 100 mL/m^2，作用 30 min。消毒剂的浓度在生产过程中定期（漂白粉一般是 4 h）

监控即可，只要浓度没有降到所要求的最低限值，就可以继续使用。

4. 臭氧

使用臭氧消毒时应采用臭氧发生器，使空气中两个原子的氧裂化而成三个原子的臭氧。将形成的臭氧打入冷库内，其浓度为1~3 mg/m^{3}即可起杀菌作用。臭氧对空气中的微生物有明显的杀灭作用，采用20 mg/m^{3}浓度的臭氧，作用30 min，对自然菌的杀灭率达到90%以上。用臭氧消毒空气时必须是在封闭的空间，且室内无人条件下进行，消毒后至少30 min后人才能进入。臭氧是一种强氧化剂，它能使瘦肉褪色和脂肪氧化，同时臭氧对人黏膜有刺激作用，所以使用时应该注意。

五、消毒剂的配制方法

1. 乳酸

乳酸常用于空气消毒，100 m^{3}空间用10 g乳酸熏蒸30 min，即可杀死葡萄球菌及流感病毒。

2. 硫黄

硫黄用量大约为每立方米库容用硫黄10 g，如果库内设备、容器或产品已发生过微生物病害或生霉的问题，硫黄用量可适当增加。

3. 漂白粉

将漂白粉配制成10%的漂白粉乳剂。消毒时用0.2%~0.5%的澄清液（取10%乳剂澄清液200~500 mL，加水稀释成10 L即可）。

4. 臭氧

采用20 mg/m^{3}浓度的臭氧，作用30 min，对自然菌的杀灭率达到90%以上。

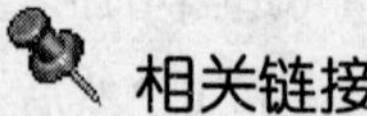

有效氯的测定方法

一、碘量法原理

洗涤剂中有效氯在酸性溶液中与碘化钾起氧化作用，释放出一定量的碘，再以硫代硫酸钠标准溶液滴定碘，根据硫代硫酸钠标准溶液的消耗量计算出有效氯含量。

二、试剂

0.025 mol/L 硫代硫酸钠标准溶液、2 mol/L 硫酸、10% 碘化钾溶液、0.5% 淀粉溶液。

三、操作方法

称取含氯消毒剂 1.00 g，用蒸馏水溶解后，转入 250 mL 容量瓶中，向容量瓶加蒸馏水至刻度、混匀，向碘量瓶中加 2 mol/L 硫酸 10 mL、10% 碘化钾溶液 10 mL、混匀的消毒液 5 mL，溶液即出现棕色，盖上盖并混匀后加蒸馏水于碘量瓶，用 0.025 mol/L 硫代硫酸钠标准溶液滴定游离碘，边滴边摇匀，待溶液呈淡黄色时加入 0.5% 淀粉溶液 10 滴（溶液立即变蓝色），继续滴定至蓝色消失，记录所用硫代硫酸钠的总量，重复三次取平均值计算。

四、计算

根据硫代硫酸钠的用量，计算有效氯含量，即 1 mol/L 硫代硫酸钠 1 mL相当于 0.035 5 g 有效氯，因此可按下式计算有效氯含量：

$$\text{有效氯含量（\%）} = \frac{C \times V \times 0.0355}{W} \times 100\%$$

式中　C——硫代硫酸钠的摩尔浓度，mol/L；

V——消耗硫代硫酸钠的体积，mL；

W——碘量瓶中含消毒剂的量，g。

学习单元 2　库房除霉

学习目标

- 熟悉库房除霉知识。
- 能够进行库房除霉作业。

知识要求

霉菌最爱在阴湿的地方生长，由于它能适应较低的温度，所以在冷冻厂的高温库中危害最为严重。霉菌在冷库内生长后，孢子到处飞扬，对于肉类、蛋品的质量影响很大，所以霉菌是冷库内主要危害。霉菌和致病菌不同，它本身是无害的，也不产生毒素，但是生了霉菌严重地损害了商品的外观，并且促进了肉类、蛋品的霉烂变质。霉菌生长以后，肉眼都可以见到，所以除霉工作比消毒工作更受到各单位的重视，但是缺乏简便、可靠的除霉方法。现在除霉的方法并不少，但都不够简便、易行，所以还需要继续进行科学研究，找出更好的冷库除霉办法。

冷库除霉方法有机械除霉法、物理除霉法和化学除霉法三种。

一、机械除霉法

机械除霉法就是打扫和铲除生霉的部分，常与其他除霉法结合进行。在机械除霉法中有一种空气洗涤法，就是在进风口处装一喷水器，空气在循环时通过水帘而将霉菌的孢子洗去，这种方法就像现在的湿式冷风机一样，可以起到减少霉菌的效果。

二、物理除霉法

物理除霉法是利用温度、湿度、紫外光、高频电和铜丝网滤器来除霉。霉菌生长的温度一般在 -6～40℃之间，由于这个原因，在低温库中很少看到霉菌生长，而利用热碱水也可以在工具、设备上杀灭霉菌。霉菌的生长与温度关系很大，所以，在温度方面的控制只能适当地使用。用紫外光除霉是一种较好的方法，它既能杀菌，又能除霉，也有一些除臭的作用。但是这只能对直接照射的部分起作用，一般每立方米用 0.33～3 W 的紫外光辐射，在距离 2 m 的面积上照射 6 h 可以起到杀灭微生物的作用。但是紫外光的作用受温度和湿度的影响，越接近微生物生长正常温度，湿度越高，杀菌、除霉的能力越强。紫外光能促进脂肪的氧化，使其发生哈变，所以在使用时要注意。铜丝网滤器是在逆风口装上一个铜丝做的网子，这样可以杀灭一部分霉菌。

三、化学除霉法

化学除霉法很多，用得较多的有乳酸、二氧化碳、臭氧、甲醛、漂白粉、氟化钠、羟基联苯酚钠等方法。

1. 乳酸法

乳酸法是一种可靠的消毒方法，它能除霉、杀菌和除臭。使用方法是先将库房出清并打扫干净，每立方米用 1 mL 粗制乳酸，每份乳酸再加 1～2 份清水，将混合液放在搪瓷盆内，置于电炉上加热蒸发，一般要求将药液控制在0.5～3 h蒸发完。然后关闭电炉，密闭库门达6～24 h，使乳酸充分与细菌或霉菌作用，以达到消毒的目的。经我国湖南省商业局肉食公司"除霉杀毒试验小组"试验证明：用乳酸消毒剂1 mL/m^3，对库房除霉、杀菌有一定的效果，经消毒后的库房细菌下降70%，霉菌下降70%。

2. 二氧化碳法

二氧化碳在任何浓度下都不能杀死霉菌，它仅能延缓霉菌的生长。在0℃以下，如室内空气中二氧化碳的浓度达到40%时，可以完全阻止霉菌的生长。可是当它在空气中的浓度超过20%时，由于变性血红蛋白的形成而使肉类变色。一般认为在0℃以下，室内二氧化碳的浓度为10%时，可以把冷却肉在冷藏间中的保存期延长一倍以上。

3. 臭氧法

臭氧法是一种比较好的方法，它既可以杀菌，又可除霉、除臭味。用这种方法应采用臭氧发生器，使空气中两个原子的氧裂化而成三个原子的臭氧。将形成的臭氧打入冷库内，其浓度为1～3 mg/m^{3}即可起杀菌作用。但是臭氧是一种强氧化剂，它能使瘦肉褪色和脂肪氧化，同时臭氧对人黏膜有刺激作用，所以使用时应该注意。

4. 甲醛法

甲醛法即福尔马林蒸气法。这种方法能除霉、灭菌，但福尔马林气味很大，如果被肉类吸收就不能供食用，同时福尔马林对人刺激很大，使用时要注意安全。使用此法应先将库房出清并打扫干净，福尔马林用量一般为15 mL/m^3。使福尔马林变成蒸气的方法有两种：一种是将福尔马林放在密闭桶内用管子通入冷库内，下面用火烧；另一种是将福尔马林放在开口桶中置于冷库内，由操作人员放入适量过锰酸钾或生石灰，再加些水，待发生气体时，人员应离开并关好库门。用福尔马林蒸气消毒几小时后，再将氨水放在室内吸收福尔马林气味，经过通风，消毒即告完成。

5. 漂白粉法

漂白粉法是用4%漂白粉溶液进行刷洗，消毒效果好。如果在5份漂白粉中加7份石碱效果更好，消毒几小时进行通风、排气。

6. 氟化钠法

氟化钠涂料是在白陶土（含钙盐量不大于0.7%或不含钙盐）中加入1.5%的氟化钠、氟化铁或2.5%的氟化铵配成水溶液，也可以用2%氟化钠和20%高岭土混合粉刷墙壁，采用这种方法粉刷，具有强烈的消灭霉菌的作用，在0℃下可以1～2年不生霉。

7. 羟基联苯酚钠法

羟基联苯酚钠法即用2%羟基联苯酚钠溶液涂刷除霉。采用这种方法时气味可以不传到肉上，也不会腐蚀器皿，但在涂刷时要做好防护措施。

8. 硫酸铜涂料法

硫酸铜涂料的配制是将2 kg硫酸铜和1 kg钾铝明矾溶解于30 kg的热水中，再逐渐添加21 kg熟石灰，仔细搅拌，呈细腻、均匀的稀粥状即可。将该涂料涂在墙壁上，对杀灭霉菌有很好的效果。

9. 过氧酚钠涂料法

过氧酚钠涂料法是用2%的过氧酚钠盐水与石灰水混合液粉刷冷库墙壁，有较好的抗霉菌效果。

10. 多菌灵消毒液法

将多菌灵粉配制成0.1%的水溶液，或将50%的多菌灵与湿性粉配制成0.1%的水溶液使用。

11. 新洁尔灭消毒除霉剂法

新洁尔灭消毒除霉剂杀菌能力非常强，使用时配制成0.1%的新洁尔灭水溶液。

技能要求

库房除霉

步骤1 清扫

冷库库房在除霉前，应先将库内的食品全部搬出，认真地清除墙壁、顶排管的冰霜及地面、墙壁和顶棚上的污秽，发现有霉菌的地方，应该仔细用刷子或刮刀清除掉，然后用火把它烧掉。

步骤2 调节库房温度

将库房温度调节到 -2℃。

步骤3 选择方法

刷涂料时先涂地面后涂墙，最后涂顶棚，涂顶棚时应由最里面向门口部位涂刷，以免药物落到工作人员身上。

步骤4 计算用量

根据库房容积和面积计算好消毒液和粉浆的用量。消毒时，将药液薄薄涂一层，其用量为250～1 000 mL/m^2。

步骤 5　密闭

库房消毒后密闭 3 ~5 h。

步骤 6　通风

等待密闭后，再通风吹干。

消毒完成后再涂粉浆，在粉浆中可以加入其他杀菌除霉剂，如羟基联苯酚钠等，使消毒工作做得更加完善。

注意事项

（1）在实践过程中，往往将消毒剂和粉浆混合在一起使用，使粉刷和消毒工作同时完成，粉刷时应该使库内温度在 5℃以上。如果库内温度太低，会使墙壁和顶棚出现“结霜”现象，结霜会使粉刷的石灰不能很好地附着在墙壁和顶棚上，容易造成脱落而污染食品。

（2）加强防护，规范操作。

学习单元 3　设定消毒程序与效果检验

学习目标

- 熟悉消毒杀菌有关规定。
- 掌握消毒杀菌效果检验作业技术。
- 能够检验消毒杀菌效果。

知识要求

一、消毒杀菌有关规定

熟悉及了解各种有关消毒、杀菌、冷藏品操作规范和冷库管理规范、速冻食品技术规范等，便于进行有效杀菌和消毒工作，保证冷藏品品质。其中包括：

（1）《医疗机构消毒技术规范》（2012 版）。

（2）《冷库管理规范》［1989 年 12 月 21 日商业部（89）商副字第 153 号发布，本规范适用于肉、禽、蛋、水产类冷加工和储藏的各类冷库］。

（3）国家标准《速冻食品技术规程》（GB 8863—88）。

二、消毒试验设备和器材

（1）试验菌为白色葡萄球菌8032，其菌悬液的制备方法如下：

1）细菌繁殖体悬液的制备

①取冻干菌种管，在无菌操作下打开，以毛细吸管加入适量营养肉汤培养基，轻柔吹吸数次，使菌种溶化分散。取含5.0～10.0 mL营养肉汤培养基试管，滴入少许菌种悬液，置37℃培养18～24 h。用接种环取第1代培养的菌悬液，画线接种于营养琼脂培养基平板上，于37℃培养18～24 h。挑取上述第2代培养物中典型菌落，接种于营养琼脂斜面，于37℃培养18～24 h，即为第3代培养物。

②取菌种第3代～第14代的营养琼脂培养基斜面新鲜培养物（18～24 h），用5.0 mL吸管吸取3.0～5.0 mL稀释液加入斜面试管内，反复吹吸，洗下菌苔。随后，用5.0 mL吸管将洗液移至另一无菌试管中，用电动混合器混合（振荡）20 s，或在手掌上振敲80次，以使细菌悬浮均匀。

③对于初步制成的菌悬液，先用细菌浓度比浊测定法粗测其含菌浓度，然后用稀释液稀释至所需浓度。

④细菌繁殖体悬液应保存在4℃冰箱内备用。应当天使用，不得过夜。

⑤怀疑有污染时，应以菌落形态、革兰染色与生化试验等方法进行鉴定。

2）细菌芽孢悬液的制备

①取冻干菌种管，在无菌操作下打开，以毛细吸管加入适量营养肉汤培养基，轻柔吹吸数次，使菌种溶化分散。取含5～10 mL营养肉汤培养基试管，滴入少许菌种悬液，置37℃培养18～24 h。用接种环取第1代培养的菌悬液，画线接种于营养琼脂培养基平板上，于37℃培养18～24 h。挑取上述第2代培养物中典型菌落，接种于营养肉汤培养基，于37℃培养18～24 h，即为第3代培养物。

②用10.0 mL吸管吸取5.0～10.0 mL第3代～第5代的18～24 h营养肉汤培养物，接种于罗氏瓶中营养琼脂培养基表面，通过摇动使菌液布满营养琼脂培养基的表面，再将多余肉汤培养物吸出，将罗氏瓶置于37℃温箱内，培养5～7天。

③用接种环取菌样少许涂于玻片上，固定后以改良芽孢染色法染色，并在显微镜（油镜）下进行镜检。当芽孢形成率达95%以上时，即可进行以下处理；否则，应继续在室温下放置一定时间，直至达到上述芽孢形成率后再进行以下处理。

改良芽孢染色法的步骤如下：

a. 用接种环取菌样涂布于玻片上，待其自然干燥，然后通过火焰加热将菌样固定于玻片上。

b. 将涂片放入平皿内，片上放两层滤纸，滴加足量的 5.0% 孔雀绿溶液。将平皿盖好，在 54 ~ 56℃条件下加热 30 min。取出，去滤纸，用自来水冲洗残留的孔雀绿溶液。

c. 加 0.5% 沙黄溶液，染色 1 min。水洗，待干后镜检。芽孢呈绿色，菌体呈红色。

④取罗氏瓶培养物，用 10.0 mL 吸管加 10.0 mL 无菌蒸馏水于每一罗氏瓶中，用 L 棒轻轻推刮下菌苔。吸出第一批洗下的菌悬液，再向瓶内加 5.0 mL 无菌蒸馏水，重复洗菌一遍。将第一和第二批洗下的菌悬液集中于一含玻璃珠的无菌三角烧瓶中，振摇 5 min，打碎菌块，使其成为均匀的芽孢悬液。

⑤必要时，将盛装菌悬液的三角烧瓶置于 45℃水浴中 24 h，使菌自溶断链，分散成单个芽孢。

⑥用无菌棉花或纱布过滤芽孢悬液，清除其中的琼脂凝块。

⑦将过滤后的芽孢悬液置于无菌离心管内，以 3 000 r/min 的速度离心 30 min。弃上清液，加蒸馏水吹吸，使芽孢重新悬浮。再离心和重新悬浮清洗，先后共 3 遍。

⑧将洗净的芽孢悬浮于三角烧瓶内的蒸馏水中，并加入适量小玻璃珠。

⑨将芽孢液放在 80℃水浴中 10 min（或 60℃水浴中 30 min），以杀灭残余的细菌繁殖体。待冷却至室温后，保存于 4℃冰箱中备用。有效使用期为半年。

⑩芽孢悬液在使用时，应先进行活菌培养计数。

⑪怀疑有杂菌污染时，应以菌落形态、革兰染色与生化试验等方法进行鉴定。

（2）采样液　采样液用于液体撞击式采样器采样。做非化学因子杀菌试验时，用含抗泡沫剂（辛醇或橄榄油）的营养肉汤培养基；做消毒剂杀菌试验时，用含相应中和剂的营养肉汤培养基（同样加入辛醇或橄榄油）。

（3）鉴定中和剂的方法　进行中和剂鉴定试验前，若难以确定拟检测的中和剂，可通过本试验初选，然后以选中的中和剂进行正式的鉴定试验。初选操作步骤如下：

1）将 0.5 mL 试验菌悬液（含菌量为 $1 \times 10^3 \sim 3 \times 10^3$ cfu/mL）加入含 4.5 mL 中和剂试管中，混匀，作用 30 min 后，取 1.0 mL 接种平皿，用 TSA 倾注法培养。

2）将 0.5 mL 试验菌悬液（含菌量为 $1 \times 10^3 \sim 3 \times 10^3$ cfu/mL）加入含 4.5 mL 中和产物试管中，混匀，作用 30 min 后，取 1.0 mL 接种平皿，用 TSA 倾注法培养。

3）试验同时设阳性对照组。阳性对照组以 0.5 mL 菌悬液加入含 4.5 mL 稀释液试管中，混匀，作用 30 min 后，取 1.0 mL 接种平皿，用 TSA 倾注法培养。

当三组平板上长出的菌落数接近时，如果以阳性对照组为标准（X），前两组长菌数为 X（1±50%）以内，可进行正式的鉴定试验。

（4）磷酸盐缓冲液（PBS，0.03 mol/L，pH 值为 7.2）。

（5）普通营养肉汤培养基。

（6）普通营养琼脂培养基。做消毒剂杀菌试验时，还需在其中加入相应的中和剂。

（7）相邻的两个气雾柜或气雾室，一个用于消毒试验，一个用于试验对照。两个气雾柜或气雾室所处环境（包括温度、湿度、光照、密闭性和通风条件等）应一致。柜（室）宜以铝合金和玻璃构建。应安装温度和湿度调节装置以及通风机过滤除菌或其他消毒装置和相应管道，此外，还应开设供喷雾染菌、给消毒剂、采样等的袖套操作和样本传递等的窗口。

（8）喷雾染菌装置，包括空气压缩机、压力表、气体流量计和气溶胶喷雾器等。喷出细菌气溶胶微粒的直径 90% 以上应在 1~10 μm 之间。

（9）空气微生物采样装置，包括六级筛孔空气撞击式采样器、液体撞击式采样器、抽气设备、气体流量计等。

（10）环境监测器材，如温度计、湿度计等。

三、空气消毒试验阶段

空气消毒试验分为实验室试验、模拟现场试验与现场试验。三个阶段试验的特点见表 1—1。

表 1—1　各阶段空气消毒试验的特点

项目	实验室试验	模拟现场试验	现场试验
目的	测定最低有效剂量	测定最低有效剂量	验证实际消毒效果
试验柜（室）	≥1 m^3 柜	10~20 m^3 室	≥20 m^3 房间
采样器	液体撞击式	六级筛孔空气撞击式	六级筛孔空气撞击式
菌株	白色葡萄球菌	白色葡萄球菌	空气中自然菌
试验菌雾粒	<10 μm	<10 μm	不定
温度	20~25℃	20~25℃	自然条件
相对湿度	50%~70%	50%~70%	自然条件
中和剂	加于采样液中	加于采样培养基中	加于采样培养基中
对照	需有自然消亡对照	需有自然消亡对照	不需自然消亡对照
结果计算	杀灭率	杀灭率	消亡率

在模拟现场试验时，用六级筛孔空气撞击式采样器采样，采样时，将六级筛孔空气撞击式采样器放在柜（室）中央 1 m 高处（采样方法按采样器使用说明书进行）。在实验室试验时，用液体撞击式采样器采样，采样器置柜内中央处。

技能要求

技能 1　实验室试验与模拟现场试验

步骤 1　取试验菌菌悬液，用无菌脱脂棉过滤后，再用营养肉汤培养基稀释成所需浓度。

步骤 2　同时调节两个气雾柜（室）的温度、相对湿度至试验要求的温度和相对湿度。

步骤 3　将使用的器材一次放入气雾柜（或室）内，将门关闭。此后，一切操作和仪器设备的操纵均在柜（室）外通过带有密封袖套的窗口或遥控器进行。直至试验结束，方可将门打开。

步骤 4　按设定的压力、气体流量及喷雾时间喷雾染菌。边喷雾染菌，边用风扇搅拌。喷雾染菌完毕，继续搅拌 5 min，然后静置 5 min。

步骤 5　同时对对照组和试验组气雾柜（室）分别进行消毒前采样，作为对照组试验开始前和试验组消毒处理前的阳性对照（即污染菌量）。气雾柜（室）内空气中各阳性对照菌数应达 $5\times10^4 \sim 5\times10^6$ cfu/m^3。

步骤 6　按产品说明书规定的方法，在试验组气雾柜（室）内进行消毒。对照组气雾柜（室）同时做相应（不含消毒剂）处理。

步骤 7　作用至规定时间，对试验组和对照组气雾柜（室）按前述方法同时进行采样。继续作用至第二个预定消毒时间，再次按前述方法进行采样。如此按作用时间分段采样，直至规定的最终作用时间为止。

步骤 8　在实验室试验阶段，将从液体撞击式采样器采集的样本进行活菌培养计数，在 37℃培养箱内培养 48 h，观察最后结果。

步骤 9　在模拟现场试验阶段，用六级筛孔空气撞击式采样器采样时，采样平板直接放入 37℃培养箱中培养 48 h，观察最后结果，统计生长菌落数。

步骤 10　全程试验完毕，对气雾柜（室）表面和空气中残留的细菌做最终消毒后，打开通风机，过滤除菌排风，排除柜（室）内滞留的污染空气，为下一次试验做好准备。

步骤 11　在完成试验组与阳性对照组采样和样本接种后，应将未用的同批培养基、采样液和 PBS 等（各取 1 ~2 份）与上述两组样本同时进行培养或接种后培养，作为阴性对照。若阴性对照组有菌生长，说明所用培养基或试剂有污染，试验无效，应更换无菌器材重新进行。

步骤 12 同一条件试验重复 3 次，每次均分别计算其杀灭率。3 次结果的杀灭率均大于等于 99.90% 时方可判为消毒合格。杀灭率的计算方法如下：

$$N_t = \frac{V_0 - V_t}{V_0} \times 100\%$$

$$K_t = \frac{V_0'(1 - N_t) - V_t'}{V_0'(1 - N_t)} \times 100\%$$

式中 N_t——空气中细菌的自然消亡率，%；

V_0 与 V_t——对照组试验开始前和试验过程中不同时间的空气含菌量，cfu；

K_t——消毒处理对空气中细菌的杀灭率，%；

V_0' 与 V_t'——试验组消毒处理前和消毒过程中不同时间的空气含菌量，cfu。

消毒前、后空气中的含菌量按下列公式计算：

$$空气含菌量（cfu/m^3）= \frac{六级采样平板上总菌数（cfu）}{28.3\ L/min \times 采样时间（min）} \times 1\,000$$

举例：用某消毒剂对气雾柜内空气消毒 10 min，试验组消毒前空气含菌量为 100 000 cfu/m³，消毒后为 50 cfu/m³；对照组处理前空气含菌量为 90 000 cfu/m³，处理后为 50 000 cfu/m³。该消毒剂作用 10 min 对空气中微生物的杀灭率按下式计算：

细菌在空气中 10 min 的自然消亡率为：

$$N_t = \frac{90\,000 - 50\,000}{90\,000} \times 100\% = 44.44\%$$

对空气中微生物的杀灭率为：

$$K_t = \frac{100\,000(1 - 44.44\%) - 50}{100\,000(1 - 44.44\%)} \times 100\%$$

$$= \frac{55\,560 - 50}{55\,560} \times 100\% = 99.91\%$$

在该次试验中，消毒剂作用 10 min，可将空气中细菌杀灭 99.91%。

技能 2 现场试验

步骤 1 根据使用时的实际情况，选择有代表性的房间并在室内无人情况下进行消毒效果观察。观察时，在消毒处理前用六级筛孔空气撞击式采样器进行空气中自然菌采样，作为消毒前样本（阳性对照）。消毒处理后，再做一次采样，作为消毒后的试验样本。

步骤 2　采样时，采样器置于室内中央 1.0 m 高处。房间大于 10 m^2的，每增加 10 m^2增设一个采样点。

步骤 3　因现场试验环境条件变化较多，难以统一，无法测定准确的自然沉降率，故只按所得消亡率（自然衰亡和消毒处理中杀菌的综合效果）做出验证结论。消亡率的计算按下式进行：

$$消亡率 = \frac{消毒前样本平均菌数 - 消毒后样本平均菌数}{消毒前样本平均菌数} \times 100\%$$

举例：一无人手术室，消毒前进行采样，空气中的平均含菌量为 5 000 cfu/m^3。用某消毒剂喷雾对室内空气消毒 30 min 后采样，含菌量减至 50 cfu/m^3。该消毒剂处理 30 min 后，室内空气中自然菌的消亡率可按下式计算：

$$消亡率 = \frac{5\ 000 - 50}{5\ 000} \times 100\% = 99.00\%$$

该消毒剂作用 30 min，可使房间内空气中自然菌的消亡率达到 99.00%。

步骤 4　试验采样完成后，应将未用的同批培养基与上述试验样本同时进行培养或接种后培养，作为阴性对照。阴性对照组若有菌生长，说明所用培养基有污染，试验无效，应更换后重新进行。

步骤 5　试验重复 3 次或以上。计算出每次的消亡率。除有特殊要求外，对无人室内进行的空气消毒，每次的自然菌消亡率均大于等于 90% 为合格。

注意事项

（1）试验中，因控制统一的环境条件较难，故每次均需同时设置试验组与对照组。两组条件尽量保持一致。消毒前、后及不同次数间的环境条件也应尽量保持一致。

（2）注意记录试验过程中的温度和相对湿度，以便分析对比。

（3）所采样本应尽快进行微生物检验，以免影响结果的准确性。

（4）每次试验完毕，气雾柜、气雾室应充分通风。必要时消毒冲洗，间隔 4 h 后才可做第二次试验。

（5）试验时，气雾柜（室）必须保持密闭，设有空气过滤装置，以防染菌空气外逸，污染环境。

（6）试验时，气雾柜、气雾室或现场房间应防止日光直射，以免造成杀菌作用不稳定。

（7）气雾柜排风过滤装置中的滤材应定期更换，换下的滤材应经灭菌后再做其他处理。

（8）在气雾柜或密闭房间内进行消毒剂喷雾消毒时，用悬挂染菌样片法观察的消毒效果不能代表对空气的消毒效果。

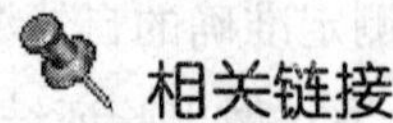
相关链接

活菌培养计数

一、适用范围

测定细菌悬液、菌片、采样液等样本中含有活菌的数量。

二、操作步骤

本规范要求在杀菌试验中的活菌培养计数统一使用倾注法。其操作步骤如下：

（1）对菌悬液可直接进行培养计数。对菌片、采样棉拭与小型固体样本等，应将其上的细菌洗下成为菌悬液后进行培养计数。洗菌时，一般以稀释液为洗液。具体方法如下：取含5.0 mL稀释液无菌试管，对菌片或小型固体样本直接投入即可，对棉拭则将其采样端剪入管内，每管一份样本。然后用电动混合器混合20 s（或在手掌上用力振敲80次），将细菌洗下形成菌悬液。以上操作应严格按无菌要求进行。

（2）将试管按需要的数量分组排列于试管架上，每管加入4.5 mL稀释液。各组由左向右，逐管标上10^{-1}、10^{-2}、10^{-3}等。

（3）再将菌悬液样本用电动混合器混合20 s（或在手掌上用力振敲80次），随即吸取0.5 mL加至10^{-1}管内。

（4）将10^{-1}管依前法用电动混合器混合20 s（或在手掌上用力振敲80次），混匀，再吸取出0.5 mL加入10^{-2}管内。以此类推，直至最后一管。必要时，还可做某稀释度的1:1或1:4稀释。

（5）选择适宜稀释度试管（以预计生长菌落数每平板为15～300 cfu者为宜），吸取其中混合均匀的悬液1.0 mL加于无菌平皿内。每一稀释度接种三个平皿。一般需接种2～3个不同稀释度。平皿加样前应先按组编号，以免弄混。

（6）将冷却至40～45℃的熔化营养琼脂培养基倾注于已加入样液的平皿中，每平皿加15～20 mL。

(7) 将平皿盖好，立即轻轻摇动混匀，平放于台上。待琼脂凝固后，翻转平皿，使底向上，置于37℃温箱内培养。

(8) 每日观察细菌生长情况。培养至规定时间（细菌繁殖体为48 h，白色念珠菌与细菌芽孢为72 h），统计最终结果的菌落数。

(9) 对菌片和采样棉拭洗液的活菌培养计数时，先按各试验要求处理（如去除残留消毒剂等），然后取其最终样液按上述方法进行培养计数。

(10) 计数菌落时，一般以肉眼观察，必要时用放大镜检查。以菌落数在15~300 cfu的平板为准，每个稀释度三个平板生长菌落数全符合上述标准，则以这三个平板的菌落平均值作为结果；若有两个符合上述标准，则以合格的这两个平板菌落的平均值为结果。但对黑曲霉菌活菌进行计数及杀灭试验时，平板菌落数应在15~100 cfu之间。

对估计菌量极少的样本（如消毒处理后的样本），在培养计数时可不做稀释，即使平板菌落数未达15 cfu时，也可用其计算最终结果。

将求得的平均菌落值乘以稀释倍数，即得每毫升原样液中的菌量。菌量单位为cfu。

三、活菌计数中技术操作误差的测定

试验者在活菌计数中因技术操作而引起的菌落数误差率（平板间、稀释度间）不宜超过10%。对误差率的自检可按以下公式计算：

(1) 平板间误差率计算公式

$$平板间误差率 = \frac{平板间菌落数平均差}{平板间菌落平均数} \times 100\%$$

$$平板间菌落数平均差 = \frac{(平板间菌落数平均数 - 各平板菌落数)的绝对值之和}{平板数}$$

$$平板间菌落平均数 = \frac{各平板菌落数之和}{平板数}$$

(2) 稀释度间误差率计算公式

$$稀释度间菌落数误差率 = \frac{稀释度间菌落数平均差}{稀释度间菌落平均数} \times 100\%$$

$$稀释度间菌落平均差 = \frac{(稀释度间菌落平均数 - 各稀释度菌落数)的绝对值之和}{稀释度数}$$

$$稀释度间菌落平均数 = \frac{各稀释度平均菌落数之和}{稀释度数}$$

四、注意事项

（1）严格无菌操作，防止污染。

（2）认真检查试验器材有无破损（要特别注意试管底的裂痕和破洞），以防止丢失样本和污染环境。

（3）注意菌液的均匀分散。

（4）稀释或取液时要准确，尽量减少吸管使用中产生的误差。

（5）每吸取一个稀释度样液必须更换一支吸管，以减少误差。

（6）样液接种于平皿后应尽快倾注营养琼脂培养基，以避免样液在平皿上干燥，影响结果的准确性。

（7）倾注琼脂培养基时温度不得超过45℃，以防止损伤细菌或真菌。倾注和摇动时动作应尽量平稳，以利于细菌分散均匀，便于计数菌落。勿使培养基外溢，以免影响结果的准确性和造成环境的污染。

（8）为提高试验成功率，最好先用浊度计对原菌液含菌量做出估计，尽可能在首次试验时所取的有限稀释范围内（2～3个稀释度）即有长菌在15～300 cfu之间的平板。

（9）计算最终结果时必须弄清楚稀释倍数，以免计算错误。

第2节　设备使用与维护

学习单元1　温度计、湿度计的使用

学习目标

➢ 掌握温度计、湿度计的正确使用方法。

一、温度测量

1. 温度计的种类和特点

(1) 膨胀式温度计

膨胀式温度计是基于物体受热后体积膨胀的性质制成的温度计。它分为玻璃管液体膨胀式温度计和固体膨胀式温度计两大类。玻璃管液体温度计视充填的工作液不同可分为水银温度计和有机液体温度计。对于固体膨胀式温度计，广泛采用的是双金属片式温度计。

1) 玻璃管液体温度计。价格低廉，玻璃管液体温度计可以直接读温度，任何人都会使用。测温精度较高，稳定性好，高精度级的玻璃温度计常作为基准温度计应用于对比试验中。但玻璃温度计易损坏，不能自动测量，虽有的用不锈钢作为保护套，但仍有破损的可能，食品加工行业不宜使用。水银温度计适用于 -30 ~ 600℃范围内测温。酒精温度计可用于低温（-80℃）场合。

2) 双金属片式温度计。其原理是将两条金属片贴在一起，利用其伸缩率的不同测量温度。虽然可以直接显示温度，但反应慢，精度差。由于其结构简单，易保养，所以可用做温度开关。双金属片式温度计结构简单，耐振动，耐冲击，使用及维护方便，价格低廉，适用于振动较大的场合。

(2) 压力式温度计

压力式温度计利用封闭容器（感温包）内物质（液体、气体或饱和蒸汽）的压力随温度变化的原理测温，其基本结构包括感温包、毛细管、弹簧管动作机构、传动机构、指示和记录机构，测温范围为 60 ~ 550℃。

压力式温度计具有显著的测量滞后时间，以气体式最大，液体式次之，蒸气式最小。压力式温度计中用于隔离测量的温度计有弹簧管式和风箱式两种。坚固、耐振，可远距离显示，能记录，比较便宜。显示速度因受感温部件的影响，比其他温度计慢。由于感温部件与受压部位高度差及导管环境温度的影响，易产生误差。

(3) 电阻式温度计

电阻式温度计利用金属或半导体的电阻随温度变化的性质测温，它由热电阻元件和显示仪表组成。电阻式温度计测温反应快，测量精度和灵敏度高，测量温度范围宽，不需要冷端补偿，可以远距离测量，测温范围为 -200 ~ 550℃。

常见金属电阻为铂电阻与铜电阻，热电阻由感温元件（电阻丝）、绝缘套管保护套、保护管（夹持件）和接线盒（引出线）等组成。

热电阻的受热部分是均匀地绕在由绝缘材质制成的骨架上的细金属丝，当被测介质有温度梯度存在时，所测的温度是感温元件所在范围内介质层中的平均温度。铂电阻的测温范围为－200～500℃，铜电阻的测温范围为－200～150℃。它们的特点是测量的准确度高，但抗振性较差，在振动场合容易损坏。

铂电阻温度计是把铂丝绕在玻璃或陶瓷棒上制成测温电阻。从低温到中温，性能稳定，适用于高精度的温度测量。最近生产了外径在1 mm以下的测温电阻，可根据用途选择。

（4）热电偶温度计

热电偶温度计利用热电偶热电效应的原理（把两根不同的金属丝连接构成回路，将两个接点分别置于温度不同的热源中，则在热电偶回路中会产生热电势）进行测温。它通过测量被测端与参考端两电极之间的热电势来获得被测端与参考端之间的温差，温差电动势的大小反映测点温度。

热电偶要与二次仪表配合使用，其测温精确、可靠，可以多点测温，远距离集中显示或巡回显示，可以自动记录或与调节控制机构相连接。

常用的热电偶由热电极（热偶丝）、绝缘材料（绝缘管）和保护套等部件构成。热电偶包括多种类型，常用的为铜—康铜（T型）热电偶，其测温范围为－200～350℃，热电极直径为0.2～1.6 mm，它的最高测量温度与热电极直径有关。在使用时热电偶温度计通常需进行冷端补偿。插入被测物体时，就会产生连接端和另一端的温差或正比例的电位差。电位差与金属线的长短无关，只与温度有关，所以可用它测量温度。可根据用途选择ϕ1～20 mm的各种热电偶。热电偶的另一端必须像冰点这样的基准接点，现在生产的热电偶温度计几乎都带有电子式基准接点补偿装置，使用起来很方便。热电偶温度计是被广泛应用的最有代表性的温度传感器。

（5）红外辐射温度计

物体辐射与自身绝对温度的四次方成正比例的红外线，用光电检测元件捕捉到这个能量，把它变成电信号，再装上读数装置即为红外辐射温度计。因是非接触式，所以适用于旋转物体、移动物体等加工过程中产品温度的测量。可以从－50℃起测量。由于物体的红外辐射率不同，所以需要进行修正。

2. 温度的正确测量方法

对于流通过程中储藏、运输、库内陈列的不同阶段，传感器的安装（即测量）位置是很重要的。在冷藏库中，温度测量位置应在离地面1.5 m高处，而且最好应放在能代表库中平均温度的某一点。可是，由于库内储藏品数量的增减以及存放位置的变动等会使库内温度分布变化，物体的温度也发生变化。所以应考虑：温度的测点在冷风出口处较好，还是放在能代表库内平均温度的某一点好；对于因呼吸作用而放热的物品是置于排气口处好，还是直接测量该物体温度好，这就需要库房管理人员来决定。一般来说，如储藏品长期储藏，则周围环境温度与物体内部温度几乎是相同的。

如果直接测量某物体本身温度（或做温度测量比较），可用热电偶置于物体表面进行测量。此时要注意，如果热电偶与物体接触面积小，误差较大。为减少温度测量的误差，可把热电偶焊接在厚度为 0.5 mm 左右的铜板上再放置于物体表面，这样测出的温度就会准确得多。此外，在测量温度时还可把热电偶导线沿物体表面安装，这样可以进一步减少测量的误差。

3. 温度计的保养

要正确测量温度，除上述所说的要选择合适的温度计，会正确使用温度计测量外，还需要对温度计进行保养。

温度计在长期使用后，因振动、温度、湿度、污物等影响会使它的性能下降。温度计性能下降必然使测量误差变大，导致产品质量离散度增加。因此，温度计应该 3 ~6 个月进行一次定期检查，发现异常情况应进行修理。

二、湿度测量

食品在冷加工过程中，库内相对湿度的大小对食品质量的影响较大。

空气在各种温度下的饱和湿度不同，温度越高，空气的饱和绝对湿度越大。因此，在相同的绝对湿度下，降低库房温度，就可以加大其相对湿度。如果把温度降到与该绝对湿度相应的温度之下，就会使空气达到饱和状态，而凝结成部分水珠。当温度再上升时，空气的相对湿度就会减小。

1. 湿度计的种类和特点

目前，人们常用的湿度测量器件有伸缩式湿度计、各种干湿球湿度计、电气湿度计、露点计等，其特点见表 1—2。

表 1—2 湿度计的种类和特点

种类	优点	缺点
伸缩式湿度计	直接显示相对湿度，结构简单，可连续记录，可用于自动控制	精度差，显示值易出错

续表

<table>
<tr><th colspan="2">种类</th><th>优点</th><th>缺点</th></tr>
<tr><td rowspan="3">通风式干湿球湿度计</td><td>阿斯曼型</td><td>常温下精度较高，便于携带</td><td>不能直接显示相对湿度，有时通风不足，需熟练者使用，需用水</td></tr>
<tr><td>气象厅型</td><td>常温下精度高</td><td>不能直接显示相对湿度，需用水</td></tr>
<tr><td>电阻湿度计型</td><td>直接显示相对湿度，可连续记录，可远距离测量，可用于自动控制，可同时测几个点的湿度</td><td>因用近似式表示相对湿度，大范围的温、湿度条件下误差增加，需用水</td></tr>
<tr><td colspan="2">简易干湿球湿度计</td><td>结构简单</td><td>不能直接显示相对湿度，精度差，需用水</td></tr>
<tr><td rowspan="2">电气湿度计</td><td>电阻式</td><td>可连续记录及远距离测量，可用于自动控制，可做点数测量，可测小空间，灵敏度高</td><td>需进行湿度修正，高湿度时不稳定。不能用于对感湿元件有侵蚀的气体中，不能互换</td></tr>
<tr><td>电容式</td><td>可连续记录及远距离测量，可用于自动控制，耐结露、水浸，有互操性，可在大的温、湿度范围内测量</td><td>在含有有机物的气体中显示值可出现漂移</td></tr>
<tr><td rowspan="2">露点计</td><td>冷却式</td><td>可测量低湿度，在常温、低温条件下精度高，可连续记录及远距离测量，可用于自动控制</td><td>需冷却，结构复杂，需判断是露点还是霜点，需对气体采样</td></tr>
<tr><td>氯化锂式</td><td>可连续记录及远距离测量，可用于自动控制</td><td>需加热，不能受风直吹，需定期涂布氯化锂</td></tr>
</table>

（1）伸缩式湿度计

伸缩式湿度计利用毛发、尼龙等纤维吸湿——去湿的伸缩性显示相对湿度。可用于连续记录和调节湿度，精度和反应差，湿度在10%以下或100%附近的环境中易产生误差。

（2）阿斯曼通风式干湿球湿度计

阿斯曼通风式干湿球湿度计包括两支水银温度计，一支干球，另外一支包上纱布作为湿球，通过发条或电动机带动通风装置，使干湿球周围的空气以一定风速流动。有的带有吸水胶囊湿润纱布，有的备有水罐进行连续供水。通风开始后10～20 min，读取干球和湿球上的读数，用换算表或简易计算尺求得相对湿度。如果正确使用，测量精度可达2%。

（3）干湿球湿度计

干湿球湿度计用测温电阻代替水银温度计。在室温附近±20℃的范围内可直接显示相对湿度。

（4）简易干湿球湿度计

简易干湿球湿度计是在玻璃温度计上再装上简易的板框，湿球的纱布浸在水罐内以湿润湿球。因不通风，不适合测量准确的湿度。

（5）电阻式湿度计

电阻式湿度计利用吸湿物质的吸湿——去湿时伴随有电阻值变化的原理制造。以苯乙烯的底板上涂上氯化锂溶液制成的无线电探测传感器为雏形，现已开发出了多孔陶瓷、亲水性高分子材料等多种感湿元件做的传感器。感湿元件为多孔陶瓷时，因它易吸附各种物质而使灵敏度下降，所以有时对其进行高温加热以清除杂质。但清除杂质后不能立即用于测湿，对于连续测量和自动控制是不方便的，需注意。

（6）电容式湿度计

电容式湿度计是把亲水性高分子材料夹在电极板中间，高分子材料吸湿引起电容量变化，将其测出并显示为相对湿度。这种高分子材料与电阻元件相比，不怕结露和水湿，充分干燥后可恢复其性能。但要注意，在含有有机溶剂的环境中会产生读数漂移。

（7）露点计

露点计有冷却式、氯化锂式、水晶式等。

1）冷却式。采用冷却镜面，测出镜面结露时的温度，算出饱和气压，再从温差算出湿度。

2）氯化锂式。根据氯化锂的潮解性是温度的函数这一特点，从其电阻值求得其固、液相的临界温度，即可知道露点湿度。

3）水晶式。利用水晶的振动频率因结露而漂移的特性制成。从原理上讲，可认为是用水晶振动频率的漂移代替了镜面冷却式对结露的检测。

露点的检测多受露面状态的影响，检测时要判断结露面是否干净，是露还是霜。应用氯化锂的场合，需采用防风直接吹拂的措施，氯化锂要定期涂布，使用上非常麻烦，此外，甘醇、三乙醇胺等有机物的蒸气及无机酸等气体还会使表的读数发生偏差。

2. 湿度的正确测量方法

测量湿度实际上是测量空气中水蒸气的含量，所以，当空气过分凝滞或气流过强时都不能准确测量。不仅是干湿球湿度计，电气湿度计也同样如此，最好在传感器周围有 1 ~ 3 m/s 的气流。鲜果类的储藏、保管需要低温、高湿环境，而低温时水蒸气压力也低。一般来说，很小的温度差异可导致较大的相对湿度变化，所以，对上述场合最好选择灵敏度高、反应快的温度和湿度传感器，并将其置于可测得库内平均值的位置上，控制库内整体的湿度不随时间推移发生大的波动，局部的微小湿度变化可以不考虑。

在－12℃以上的库房中使用阿斯曼湿度计（通风式湿度计）较为准确、可靠；在－12℃以下测量时，必须遵守一些特殊操作要求，才能得出较为准确的读数。

阿斯曼湿度计是一种结构完善的干湿球湿度计，它由两支－25～50℃的0.2℃刻度的温度计组成。其中一支温度计的水银球外包有一层纱布，在使用温度计前，用专门的带有玻璃管和夹子的橡皮球将纱布浸湿，所以这个温度计称为湿球温度计；而另一个温度计称为干球温度计。在每支温度计的水银球外各套有金属保护小管，固定在胶木圈上。在温度计上端装有用发条带动（或电动）的小风扇，底架中央有一个金属管，从保护小管下端开口处进入的空气经过这个管子由风扇抽出，温度计水银球周围的空气流速均为2 m/s。

阿斯曼湿度计的使用方法在高、低温库房中有所不同。如测－2℃以上的库房时，应将仪器事先放入冷库库房内冷却0.5 h，然后用装满水的橡皮球把湿球温度计的纱布浸湿。连续进行测量时，要重新加湿，特别注意不要让水流到湿度计的管壁和干球温度计上，以免影响读数的准确。当测量－2℃以下的库房时，不宜采用橡皮球加水，而应将温度计水银球外面包上一层冰。具体做法是：用一只小玻璃瓶装满清水，将水在库房内冷却到1～2℃，然后将温度计纱布浸入水杯中，经数秒后，将纱布从水杯中取出，并开动风扇，使纱布上的水很快冻成冰；待纱布上的水全部冻成冰后，将水银球浸入水中，并开动风扇，使水银球外包上一层薄而均匀的冰层。湿度计包冰以后，应放在库内第二天进行测量。如由一个库房转到另一个库房，不要在高温下放置，以免纱布上的冰层融化。测量时先开动风扇，测量人员退离一侧，以免影响温度的读数，隔10 min再开风扇，过5 min后，测量人员屏住呼吸靠近温度计读数，准确程度可达0.1℃。根据干球温度计的读数和干湿球温差查表可得出相对湿度。

在冷库中最好设两支阿斯曼湿度计，一支用来测量－2℃以上库房（平时保存在实验室或办公室中）的温度，另一支用于测量－2℃以下库房（应保存在库温为－12℃以下的库房中）的温度。在冷库中也可以用热电偶温度计来测量干湿球温度。通常多用铜—康铜或铁—康铜电偶，并将干球与湿球电偶的电路串联起来，由温度计表头上直接读出干湿球温差。

在实际运用中，温度和湿度可以互相配合，如冻结温度很低，为减少食品的干耗，库内的相对湿度可大些，而果蔬因温度要求不能过低，则相对湿度就应适当小些。

学习单元 2　常用冷却设备维护

学习目标

- 了解常用冷却设备。
- 掌握冷却设备维护作业技术。
- 能够进行冷却设备维护作业。

知识要求

一、冷风机

用于冷却强制运动的空气的蒸发器常与风机同时使用，故常称冷风机。冷风机多是由轴流式风机与冷却排管等组成的。它依靠风机强制库房内的空气流经箱体内的冷却排管进行热交换，使空气冷却，从而达到降低库温的目的。因为空气是强迫对流通过蒸发器的，所以换热效率高，冷库或冷藏柜降温速度快，而且温度分布比较均匀。

冷风机按冷却空气所采用的方式不同可分为干式、湿式和干湿混合式三种。其中，制冷剂或载冷剂在排管内流动，通过管壁冷却管外空气的称为干式冷风机；以喷淋的载冷剂液体直接与空气进行热交换的，称为湿式冷风机；混合式冷风机除冷却排管外，还有载冷剂的喷淋装置。下面介绍目前冷库广泛使用的干式冷风机。

冷库常用的干式冷风机按其安装的位置不同又可分为吊顶式和落地式两种类型。它们都由空气冷却排管、通风机及除霜装置组成，大型干式冷风机常为落地式。

冷风机用于空气强制循环式冷却的库房，是一种冷却空气的设备。冷库用冷风机属于干式空气冷却设备。为了提高传热管外壁的传热面积，在冷风机内的冷却排管管外壁套有套片式翅片，肋化系数通常为 7 ~ 10，翅片有圆翅片和矩形翅片两种类型，如图 1—1 所示。

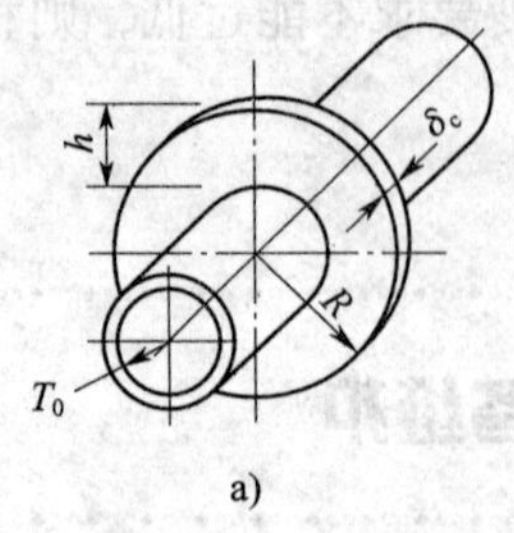

a)

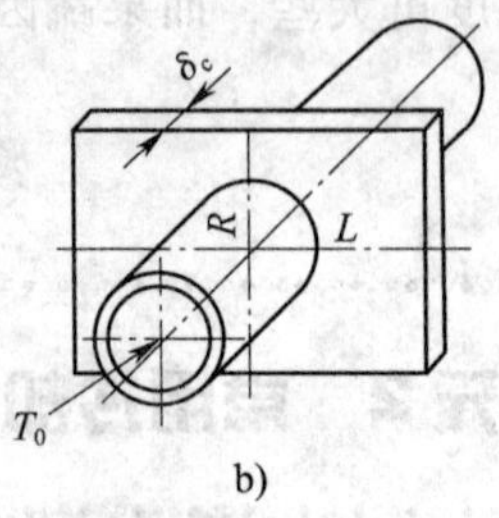

b)

图 1—1　翅片的形式

a）圆翅片　b）矩形翅片

翅片片距应根据使用温度、结构形式的不同确定。通常冷却物冷藏库（氨用）片距为 6 ~ 8 mm，冻结物冷藏库（氨用）片距为 12 ~ 15 mm，冻结间（氨用）片距为 13 ~ 18 mm，冻结间的冷风机因结霜速度快，翅片的设置方式有两种，进风侧片距为 18 mm，出风侧片距为 13 mm，以延长冲霜时间周期。

对于氟利昂制冷系统用冷风机，用于小型冷库时，其管材采用纯铜管，其翅片材料为铝翅片或铜翅片，翅片片距一般为 8 mm，采用电热器融霜，形式多为吊顶式；用于冻结间时，其管材采用无缝钢管，翅片材料为钢翅片或铝翅片，翅片片距为 12 ~ 15 mm，采用水冲霜，形式多为落地式。

对于氨制冷系统用冷风机，其传热管只能用无缝钢管，翅片只能用钢翅片或铝翅片。

冷库用冷风机主要有落地式和吊顶式两种类型。

1. 落地式冷风机

落地式冷风机主要由底架、蒸发器、冲霜布水器和轴流风机四部分组成。

（1）底架

底架一般都设有集水盘，用来收集冷风机冲霜水。底架的主要作用是支撑冷风机的主体，同时又是空气的吸入口，底架通常是用角钢或槽钢焊接而成的。

（2）蒸发器

蒸发器是冷风机的主体，几十根套有翅片的管子固定在两端的多孔板上，用 U 形弯头使管子之间相通，供液集管和回气集管布置在同一端。用于氨制冷系统的冷风机一般都是下进上回，也可上进下回。用于氟利昂制冷系统的冷风机一般都是上进下回，回气上升总管应设回油弯。冷却管簇的布置方式有顺排和错排两种。错排的传热系数比顺排大些，但空气流通阻力也稍大些。

（3）冲霜布水器

落地式冷风机常用的冲霜布水器有梳状管离心喷嘴布水器和梳状管斜孔布水器两

种。梳状管离心喷嘴布水器一般采用梅花式布置（见图 1—2）和错排式布置（见图 1—3）。梳状管斜孔布水器的管间距离在 250 mm 左右，管上斜孔相互错开排列。

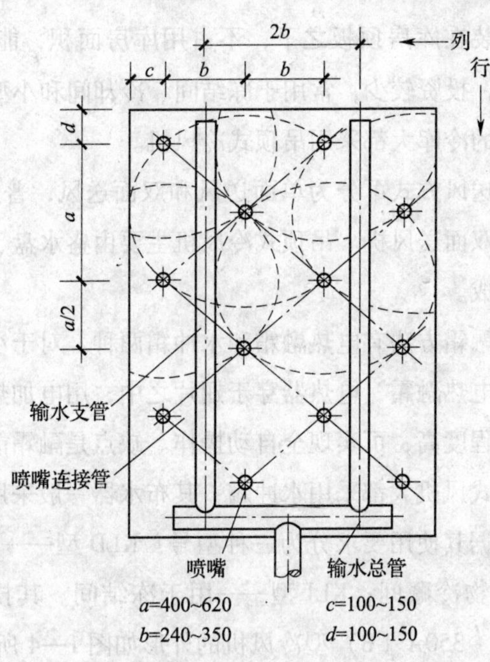

图 1—2　梅花式布置

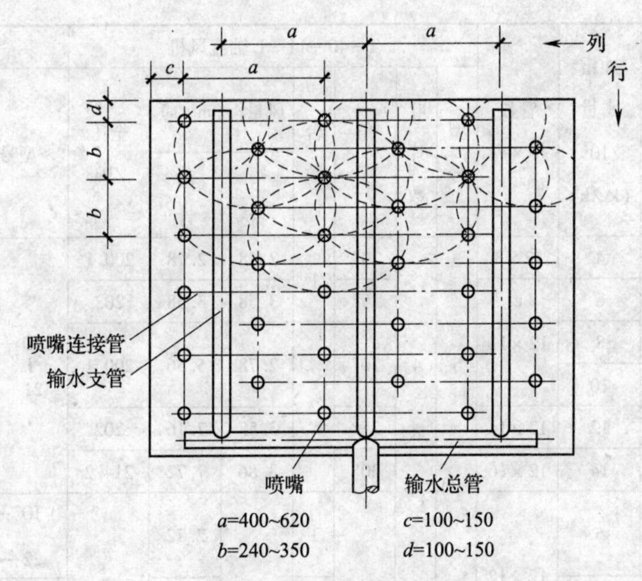

图 1—3　错排式布置

（4）轴流风机

应采用冷库专用轴流风机，风机的电动机应能耐 -40℃低温，防潮性能要求较高。风机的叶片应能适应在低温环境中运行。

2. 吊顶式冷风机

吊顶式冷风机安装在库房顶板之下，不占用库房面积，能有效地利用库房空间，使库房布置紧凑，投资较少，常用于冻结间、冷却间和小型冷藏间。装配式冷库及氟利昂制冷系统的冷库大都采用吊顶式冷风机。

吊顶式冷风机的送风方式可分为单面送风和双面送风，普遍采用单面送风机，在个别特殊场合采用双面送风机。吊顶式冷风机主要由盛水盘、蒸发器、轴流风机和淋水管组四部分组成。

吊顶式冷风机的融霜方法有电热融霜和水冲霜两种。对于小型氟利昂冷库，吊顶式冷风机大都采用电热融霜，电热器穿于翅片之中，用电加热翅片，达到融霜目的。这种方法自动化程度高，可实现全自动操作。缺点是融霜能耗大，库内升温大于水冲霜。氨用吊顶式风机大都采用水冲霜，其布水器一般采用筛孔板淋水装置。

冷库用冷风机根据其使用要求分为三种型号：KLD 型——用于冻结物冷藏间；KLL 型——用于冷却物冷藏间；KLJ 型——用于冻结间。其技术参数见表 1—3。KLD、KLL 和 KLJ100～350A（B）型冷风机的外形如图 1—4 所示。

表 1—3　　**KLD、KLL 和 KLJ 型冷风机技术参数**

<table>
<tr><th rowspan="3" colspan="2">型号</th><th rowspan="3">冷却面积/m²</th><th rowspan="3">冲霜水量/10³（kg/h）</th><th rowspan="3">管数 排×列</th><th colspan="7">T—40—11—L 轴流风机</th><th colspan="3">电动机</th></tr>
<tr><th rowspan="2">型号</th><th rowspan="2">叶片数</th><th rowspan="2">角度</th><th rowspan="2">台数</th><th colspan="2">风量/（m³/s）</th><th rowspan="2">全压/Pa</th><th rowspan="2">型号</th><th colspan="2">功率/kW</th></tr>
<tr><th>每台</th><th>共计</th><th>每台</th><th>共计</th></tr>
<tr><td rowspan="6">KLD</td><td>100</td><td>104</td><td>4</td><td>12×8</td><td rowspan="6">6</td><td rowspan="6">4</td><td>20°</td><td rowspan="2">1</td><td>2.78</td><td>2.78</td><td>200.1</td><td rowspan="6">JO₂—21—4</td><td rowspan="6">1.1</td><td rowspan="2">1.1</td></tr>
<tr><td>150</td><td>155</td><td>6</td><td rowspan="3">12×12</td><td>25°</td><td>3.58</td><td>3.58</td><td>202</td></tr>
<tr><td>200</td><td>200</td><td>8</td><td rowspan="2">20°</td><td rowspan="4">2</td><td rowspan="2">2.78</td><td rowspan="2">5.56</td><td rowspan="2">200.1</td><td rowspan="4">2.2</td></tr>
<tr><td>250</td><td>258</td><td>10</td></tr>
<tr><td>300</td><td>300</td><td>12</td><td>12×14</td><td>25°</td><td>3.58</td><td>7.16</td><td>202</td></tr>
<tr><td>350</td><td>344</td><td>14</td><td>12×16</td><td>30°</td><td>3.86</td><td>7.72</td><td>214.2</td></tr>
<tr><td rowspan="5">KLL</td><td>125</td><td>129</td><td>5</td><td rowspan="3">12×12</td><td rowspan="5">4</td><td rowspan="5">6</td><td rowspan="5">35°</td><td>1</td><td rowspan="5">2.72</td><td>2.72</td><td rowspan="5">549.2</td><td>JO₂—22—4</td><td>2.2</td><td>2.2</td></tr>
<tr><td>150</td><td>155</td><td>6</td><td rowspan="3">2</td><td rowspan="3">5.44</td><td rowspan="4">JO₂—22—2</td><td rowspan="4">2.2</td><td rowspan="3">4.4</td></tr>
<tr><td>250</td><td>258</td><td>10</td></tr>
<tr><td>300</td><td>300</td><td>12</td><td>12×14</td></tr>
<tr><td>350</td><td>344</td><td>24</td><td>12×16</td><td>3</td><td>8.16</td><td>6.6</td></tr>
</table>

续表

型号		冷却面积/m²	冲霜水量/10³(kg/h)	管数 排×列	T—40—11—L 轴流风机							电动机		
					型号	叶片数	角度	台数	风量/(m³/s) 每台	风量/(m³/s) 共计	全压/Pa	型号	功率/kW 每台	功率/kW 共计
KLJ	200	200	8	12×12	6	4	20°	2	2.78	5.56	200.1	JO_2—21—4	1.1	2.2
	300	300	12	12×14				3		8.34				3.3
	350	344	24	12×16			25°		3.58	10.74	202			
	400	400	16	12×12			30°		4.36	13.08	266.8	JO_2—31—4	2.2	6.6

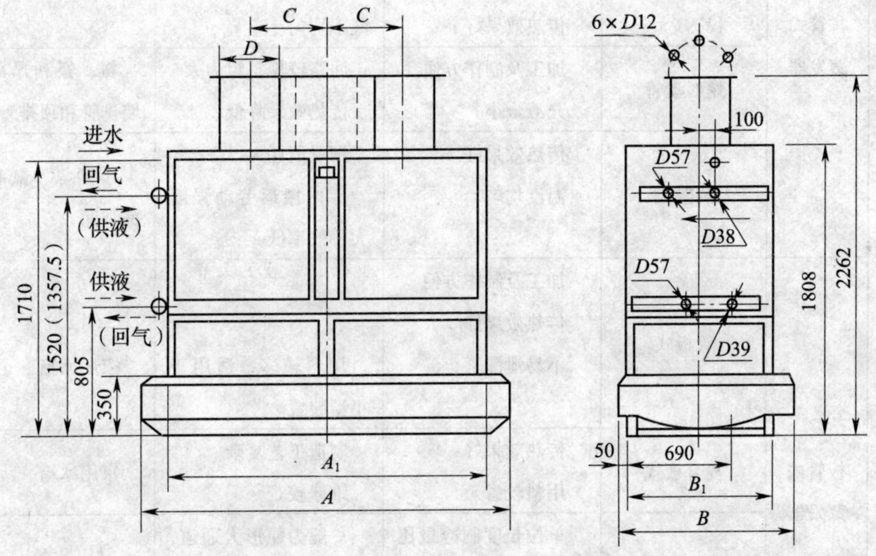

图 1—4　KLD、KLL 和 KLJ100～350A（B）型冷风机的外形

二、蒸发器

蒸发器是制冷系统中的主要热交换设备，是制冷剂在低温下吸热的热交换器。在蒸发器中，制冷剂液体在较低的温度下沸腾，转变为蒸气，并吸收被冷却物体或介质的热量，所以，蒸发器是制冷系统中制取冷量和输出冷量的设备。根据被冷却介质的种类不同，蒸发器可分为两大类：

一类是冷却液体载冷剂的蒸发器。用于冷却液体载冷剂——水、盐水或乙二醇溶液等。这类蒸发器常用的有卧式蒸发器、立管式蒸发器和螺旋管式蒸发器等。

另一类是冷却空气的蒸发器。冷却空气的蒸发器种类、形式较多，但都是制冷剂在管内蒸发，而空气在外侧流过。如果空气的流动为自然对流，则称为冷却排管，多用于冷库；如果蒸发器是装在一个箱体内，而空气的流动属强迫对流，则称为冷风机。

蒸发器的类型、特点及使用范围见表 1—4。

表 1—4　　蒸发器的类型、特点及使用范围

类型	形式		优点	缺点	使用范围
冷却空气的蒸发器	排管式蒸发器	立管式	加工及制作方便 传热效果好	充液量大 静液柱影响大	氨冷库墙排管
		U 形顶排管	供液回路短 回气阻力小 传热效果好	对制造和安装的水平度要求高，否则供液不均匀	氨冷库顶排管
		蛇形盘管	加工及制作方便 充液量小	回路较长，阻力大 传热效果降低	氨、氟利昂冷库墙排管和顶排管
		搁架式	传热效果好 温度均匀	钢材消耗大 库内搬运劳动强度大、效率低	小型氨、氟利昂冻结间
	板管式蒸发器	管板式	加工及制作方便 传热效果好 不易泄漏	用料较多，适用于小型装置	家用冰箱
		复合板式	传热效果好 用料较省	制造工艺复杂 维修较难	家用冰箱
		单脊翅片管式	单位长度制冷量比光管好 易于制造和清洗	一般为蛇形大通道，不宜用做大面积蒸发器	家用冰箱、冷藏室
		平板式	传热效果好 适用范围广泛	制造工艺复杂 难维修	家用冰箱
	冷风机	翅片管式	传热效果好 占地面积小 节省材料 结构紧凑	制造工艺复杂 不易清洗 冷冻和空调片距要求不同	冰箱、空调
		吊顶式	结构紧凑 不占库房面积	温度不均匀 安装要求高	氨、氟利昂冷库

续表

类型	形式		优点	缺点	使用范围
冷却空气的蒸发器	冷风机	落地式	易维护 温度均匀	体积大，占用有效库容 易碰撞	氨、氟利昂冷库
		湿式	结构简单 不结霜 传热效果好 温度均匀	空气阻力大 盐水浓度易降低 对管道腐蚀大	空调系统
		混合式	结构简单 不结霜 传热效果好	盐水对管道腐蚀大	空调系统
冷却液体载冷剂的蒸发器	水箱型（沉浸式）蒸发器	立管式	载冷剂冻结危险小 有一定的蓄冷能力 操作及管理方便	体积大、占地面积大 易腐蚀 金属耗量大 易积油	氨制冷系统
		螺旋管式	1～3. 同立管式 4. 结构简单、制造方便	维修比立管式麻烦 体积、占地面积比立管式大	氨制冷系统
		蛇管式	1～3. 同立管式 4. 结构简单、制造方便	管内制冷剂流速慢，传热效果差	小型氟利昂制冷系统
	卧式壳管式蒸发器	满液式	结构紧凑，质量轻，占地面积小 可采用闭式循环，不易腐蚀	加工复杂 载冷剂易发生冻结而胀裂管子 无蓄冷能力	氨、氟利昂制冷系统
		干式	载冷剂不易冻结 回油方便 制冷剂充灌量小	制造工艺复杂 不易清洗	氟利昂制冷系统
	板式蒸发器		传热系数高 结构紧凑、组合灵活	制造复杂，维修困难 造价较高	氨、氟利昂制冷系统
	螺旋板式蒸发器		体积小 传热系数高	制造复杂，维修困难 使用淡水有冻结危险	氨、氟利昂制冷系统
	套管式蒸发器		结构简单、体积小 传热系数高	水质要求高、不易清洗 维修困难	小型氟利昂制冷系统

冷却排管也称为冷却排管蒸发器，是用来冷却空气的一种蒸发器。长期以来冷却排管蒸发器广泛地应用于低温冷藏库中，制冷剂在冷却排管内流动并蒸发，管外作为传热介质的被冷却空气做自然对流。

冷却排管大多由肋片管组成。对于氨制冷系统应用钢管，且一般用套片式肋片管；对于氟利昂制冷系统多用铜管，肋片管则可以是绕片式或套片式的。冷却排管按其在室内的安装方式不同，可分为墙排管、顶排管及搁架式排管等。冷却排管蒸发器最大的优点是结构简单，便于制作，对库房内储存的非包装食品造成的干耗较少。但冷却排管蒸发器的传热系数较低，且融霜时操作困难，不利于实现自动化。对于氨直接冷却系统用无缝钢管焊制，采用光管或绕制翅片管；对于氟利昂制冷系统，大都采用绕片式或套片式铜管翅片管组。

1. 排管蒸发器的形式

按管组在冷库中的安装位置不同可分为墙排管蒸发器、顶排管蒸发器和搁架式排管蒸发器三种；按结构不同可分为竖管式、横管式和盘管式三类。

2. 排管蒸发器的分类

（1）蛇管式排管蒸发器（又称盘管式排管）

蛇管式排管蒸发器的适用范围较广泛。蛇管式顶管重力供液或氨泵供液均可；单排和双排蛇管式墙排管可用于下进上出式的氨泵供液系统及重力供液系统，对单根蛇管式排管还可用于氨泵上进下出供液系统和热力膨胀阀供液系统。氟利昂制冷系统所采用的蛇管式排管通常为单排式。蛇管式排管的优点是结构简单，易于制作，存液量较小，适用性强。其主要缺点为排管下段产生的蒸气不能及时引出，必须经过排管的全长后才能排出，故传热系数小，气液两相流动阻力大。

盘管式排管可用 $D25$ mm×2.0 mm、$D32$ mm×2.5 mm、$D38$ mm×3.0 mm 的无缝钢管弯制而成，它可以是单排或双排。当库房的热负荷较大，所需的传热面积较大时，可用两组单排的盘管式排管组成双排。单根 $D38$ mm×2.2 mm 单排盘管式光滑墙排管的形式如图1—5所示。

1）管距。排管的管子中心距 S 由连接弯管的曲率半径 R 决定。管子弯曲时的曲率半径不能过小；否则，管子弯曲处的外壁由于被拉长而减薄，产生变形，其强度降低，甚至产生裂纹。常取 $S=4D_w$（D_w—光滑管外径），用 $D25$ mm×2.0 mm 管子时，$S=100\sim110$ mm；用 $D32$ mm×2.5 mm 管子时，$S=130\sim150$ mm；用 $D38$ mm×3.0 mm 管子时，$S=140\sim160$ mm。

2）管子数。盘管式排管的管子数一般为偶数，这样进液管和回气管接口位于排管的同一侧，以便于管子的安装和连接。墙排管的高度视库内净高而定，还应根

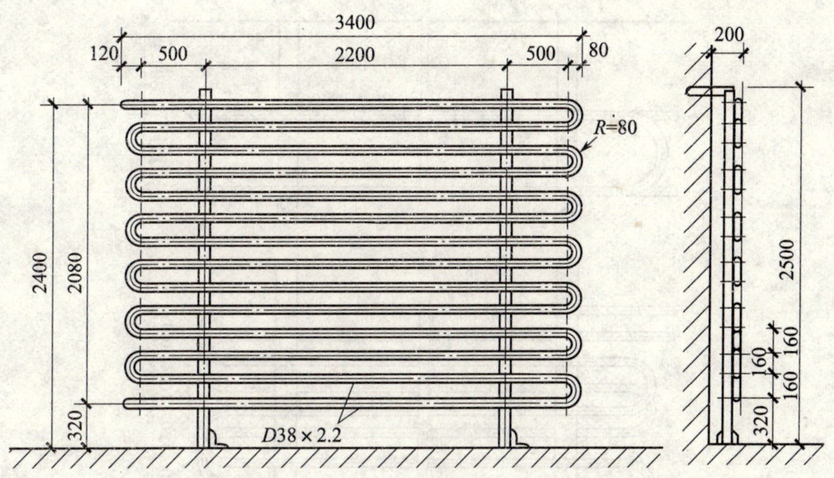

图 1—5　单根 $D38\times2.2$ 单排盘管式光滑墙排管的形式

据制冷工艺的要求综合考虑。

3）排管的宽度。可根据库房靠墙边柱之间的净距离或库房的长和宽来确定，有时还应根据工艺流程要求和制作、安装要求来确定。

盘管式排管的优点是结构简单，易于制作，实用性强。其缺点为传热系数较小，流动阻力较大。盘管式排管可用于直接膨胀供液系统、重力供液系统和氨泵供液系统。

4）排管类型。盘管式排管一般又可分为墙排管（见图 1—5）和顶排管（见图 1—6），根据制冷系统的布置和要求不同，还可以采用单层或双层。双层顶排管的传热系数比单层差些，但布置比较方便。

墙排管的传热系数与高度方向所布置的横管数量有关，横管数越多，传热系数越大。

5）排管的通路长度。蒸发管中的压力降迫使制冷压缩机吸入口压力下降，因而制冷量下降。因此，蒸发盘管中压力降应加以控制，也就是说，盘管的通路长度要加以控制。通常对 R12 蒸发盘管的压力降控制在相应于饱和蒸发温降 2℃以内；R22 蒸发盘管的压力降控制在 1℃以内；在氨蒸发盘管中，压力降也控制在 1℃以内。

（2）立管式墙排管蒸发器

立管式墙排管蒸发器通常用于冻结物的冷藏间靠墙布置，故称为墙排管。

立管式墙排管是用氨制冷的冷库中采用的一种墙排管。它是集管式排管的主要形式之一，一般由多根高度为 2. 5 ~ 3. 5m、直立 $D38$ mm × 3. 0 mm 或 $D57$ mm × 3. 5 mm 的无缝钢管组成，上下焊接在 $D76$ mm × 3. 5 mm 或 $D89$ mm × 3. 5 mm 无缝钢管制作的水平管上，如图 1—7 所示。

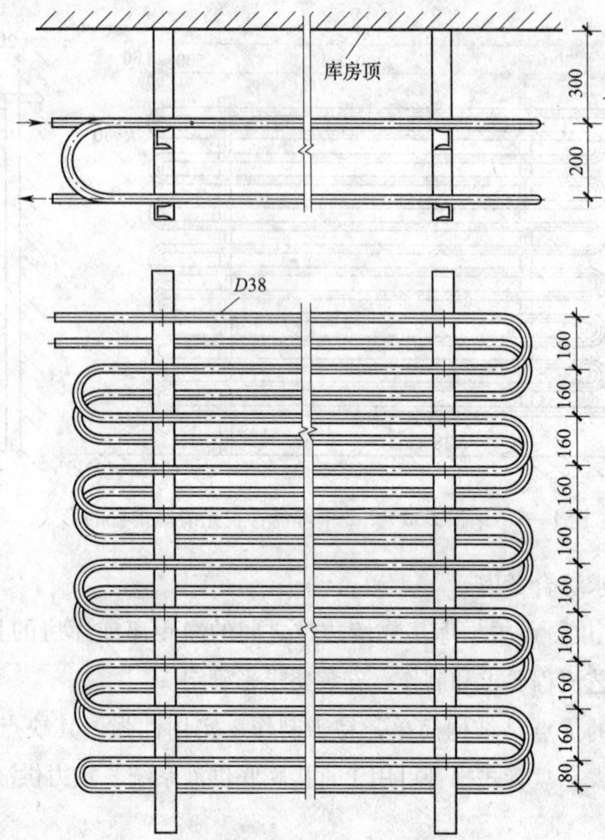

图 1—6 *D*38 双层顶排管

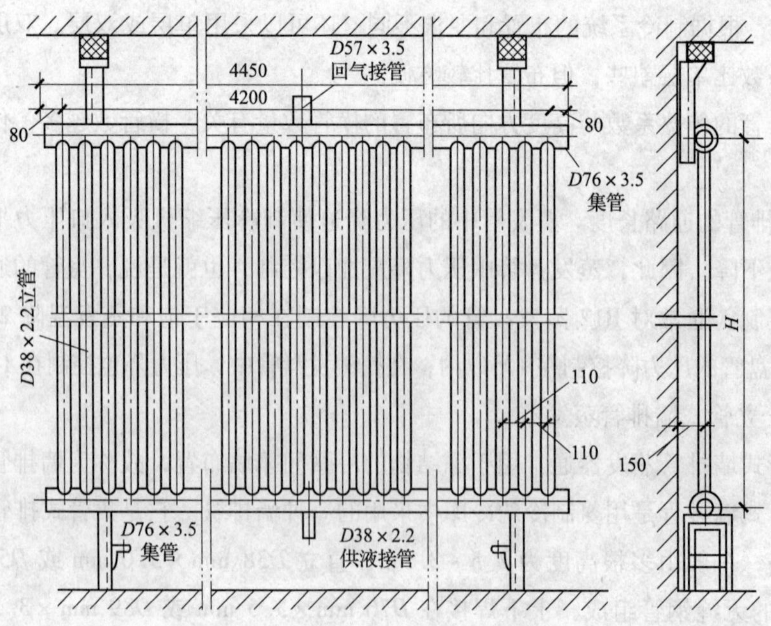

图 1—7 *D*38×2.2 立管式墙排管

立管之间的管中心距一般为 100 ~ 130 mm，立管的高度和管数可根据所需的排管冷却面积、冷藏库建筑的柱间净距离及高度而定。立管式墙排管只适用于重力供液系统。在这种制冷系统中液氨由下部水平集管中部或侧部的连接管供入，吸热蒸发后形成的气体或气液混合物则由上部水平集管中部的连接管排出。

立管式墙排管的优点是回油方便，传热效果好。缺点是：存氨量较大，为排管容积的 60% ~ 80%；当排管的高度较大时，由于氨液的液柱静压作用使排管下部管中的氨液饱和蒸发温度显著提高，减少了排管的传热温差，致使传热效果降低，这种现象随着系统的蒸发温度降低表现得尤为突出，故在较低蒸发温度（$t_x < -33$℃）的制冷系统中不宜采用。

（3）U 形排管蒸发器

因其装在距库房顶板或楼板下 300 mm 处作为顶排管使用，故常称为集管式顶排管，是冷藏库中应用较为广泛的一种顶排管，通常应用于低温冷藏间和冰库，对于小型的不用冷风机的冻结间也常采用。常用的 U 形排管由两层或四层光滑无缝钢管构成，U 形顶排管的优点是结霜比较均匀，制作和安装较方便，充液量小，约占其容积的 50%，适用于重力供液系统和氨泵下进上出氨制冷系统，在冷库中获得较广泛的应用。但其占据库房的有效空间较多，且上层排管不易除霜。

光滑管集管式顶排管一般由 *D*38 mm × 2. 2 mm 或 *D*57 mm × 3. 5 mm 的无缝钢管制作，根据使用的要求，它可以制成单排的、双排的和四排的。排管中管子的排列一般采用顺排方式。水平方向的管中心距对于 *D*38 mm 管子为 120 mm，*D*57 mm 管子为 150 mm。排管高度方向上的中心距则根据所采用的连接弯管曲率半径而定。双排顶排管通常采用的管中心距分别为 200 mm 和 220 mm。四排顶排管的管子和弯管的连接方式有两种，即同心弯管连接和异心“双套管”弯管连接。前者比后者制作方便，但占用库房的空间较多。

由于四排集管式顶排管换热条件差和传热系数小，已很少采用。双排集管式顶排管如图 1—8 所示。

（4）搁架式排管蒸发器

搁架式排管蒸发器是最早采用且最简单的一种半接触式冻结设备，多用于冻结室中冷冻加工食品。它通常是用 *D*38 mm × 2. 5 mm 无缝钢管制作成蛇形排管，再由回气集管和供液集管连接若干组蛇形排管，并固定在钢制的支架上构成搁架，其结构如图 1—9 所示。

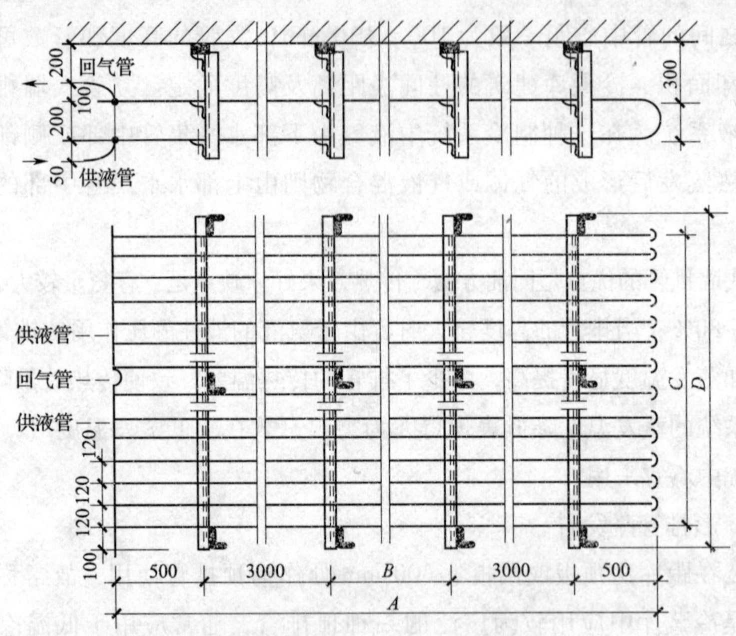

图1—8　D38×2.2双排集管式顶排管

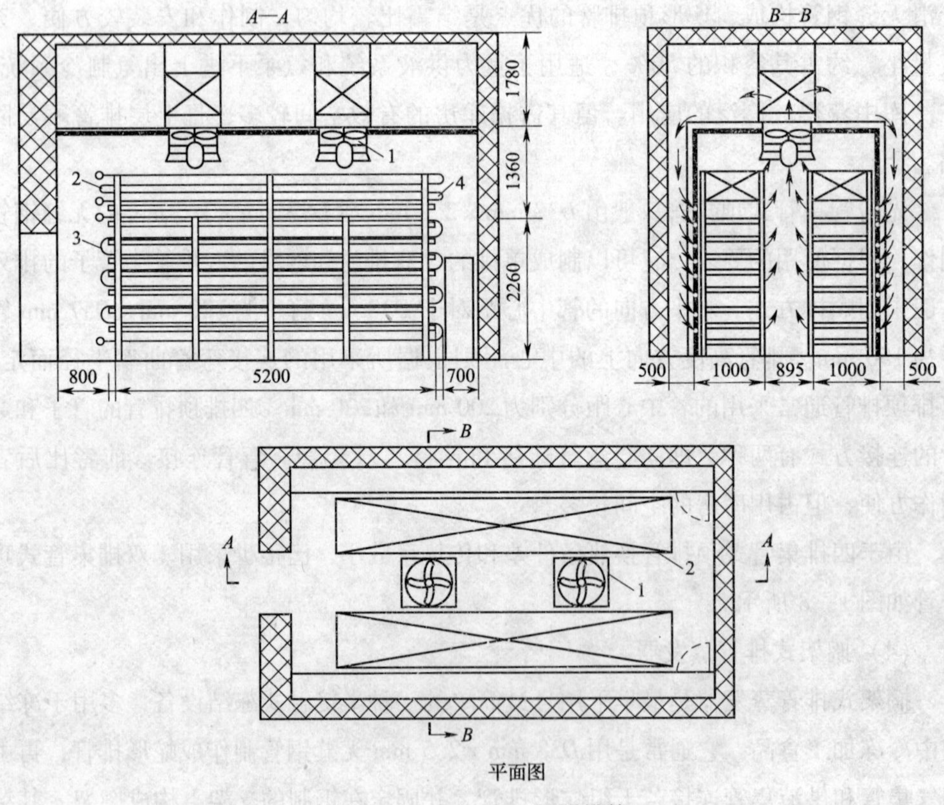

图1—9　D38×2.5蛇形排管

1—轴流通风机　2—顶管　3—搁架式排管　4—出风口

蛇形排管间的水平间距为 80 ~ 100 mm，垂直间距为 250 ~ 300 mm。搁架排管构成的层数宜为偶数，这样便于供液集管和回气集管平均安排在同一侧。为了便于操作，搁架排管的最底层应高于地面 250 mm，最高一层不宜大于 2 000 mm。对于氨制冷系统，多采用下进上出的供液方式，这样可以保证并联管路均匀供液。对于氟利昂制冷系统，搁架式排管应采用上进下出的供液方式，并设置分液器，以保证每组排管供液的均匀性。

应用搁架式排管冻结食品时，一般是把食品装在镀锌钢板或不锈钢板制作的冻盘内，再把冻盘直接放到搁架排管上进行冻结。由于冻盘与排管半接触且被冻结食品置于排管之间，强化了接触换热和辐射换热的作用，从而提高速冻效果。为了增加冻盘与排管的接触面积，有的选用 $D40$ mm × 25 mm 的巨型无缝钢管代替圆形无缝钢管，又可进一步缩短冻结时间。

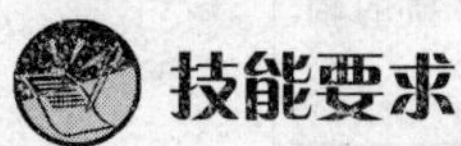

技能要求

技能 1　冷风机维护

一、一般维护

（1）冷风机应由专人管理，建立设备运行及维修的规章和档案。

（2）启动机组前，应做好各项准备工作，接通水、电源，空调机组接地良好，换热器不漏水，紧固件不松动，风阀调节灵活，各部分无异常方可通电运行风机。

（3）在换热器进水管上宜装水过滤器，并定期清洗滤网，冷媒水应用经过处理的清洁软化水。

（4）本机组不得在全开风阀的状态下启动，以免电流过大而损坏电动机。

（5）开机时先开风机、再通冷媒和蒸气，然后给加湿器、电加热器通电。关机时先断冷媒、热媒、加湿器、电加热器，再关风机。

（6）更换滤芯时不要损坏滤纸，更换后要进行密封处理。

（7）检查壁板的密封性，及时更换磨损的密封条。

（8）加湿器须用软化水，加湿量大小可通过调节溢水口高度进行控制。

（9）机组使用环境温度为 5 ~ 45℃，相对湿度低于 90%。

制冷设备的检修内容见表 1—5。

表1—5　　制冷设备的检修内容

设备名称	中、小修		大修	
	工作内容	修理间隔时间/h	工作内容	修理时间/h
冷凝器、蒸发器	清洗并调整冷却水配水装置和盐水配水装置，及时补制冷剂、盐水和水	700	清除热交换器表面的污物，检查密封并消除不严处，割管检查管壁的厚度（设备投入生产5年以后）；检验安全阀，采取防锈措施，检查阀门密封性，必要时更换腐蚀严重的设备	
风机	清洗轴承，更换润滑油	2 000	拆卸叶轮，检查并修理轴，更换磨损的滚珠轴承，校正轴的中心线，更换磨损的轴和叶轮	
冷却水管	清洗喷嘴及水池的污物	2 000	拆卸并清洗喷嘴，给管道涂漆，修理水池及水槽，更换锈蚀严重的喷嘴	一年一次，一般在每年冬季进行
氨截止阀	检查阀的灵活性和严密性		进行拆卸和清洗，更换有故障阀门的垫圈及填料，研磨阀门或重新浇注阀头合金，修理阀杆，对装配好的阀进行严密性检查。更换损坏的阀门	
水阀及盐水阀	检查阀的灵活性和严密性		将有故障的阀和零件进行拆卸及清洗，更换垫圈及填料，修刮阀座和阀芯，对装配好的阀进行严密性检查。更换损坏的阀门	

二、轴流风机的维护

1. 轴流风机的安装及运行

（1）安装前的准备工作

安装前应全面熟悉了解风机的说明书，弄清风机工作的通风系统图纸，开箱检查风机各部件是否齐全，机壳外部是否有碰伤，特别要注意头部整流器是否有碰伤变形，各部件连接是否紧密，叶片电动机有无损伤，叶轮转动是否灵活，如发现问题应予以修理及调整。

检查风机的安装基础，它必须有足够的强度和刚度，以保证能承受风机运行时的负荷，同时检查基础与风机的连接尺寸是否符合设计要求。

（2）风机的安装

1）卧地式安装。将减振器通过连接螺栓固定于风机机座，用中心高调整垫板调节各减振器水平高度，用固定螺栓将风机固定于已焊接在基础上的连接钢板上，如风机由于抗振等原因无需减振器，则将风机机座上的螺孔与基础上的预埋螺栓直接连接即可。

2）侧墙卧式安装。风机安装的基本要求与卧地式安装相同，只是安装托架做成斜臂支撑式，托架要有足够的强度和刚度，10#以上风机不宜采用此种安装方式。

3）悬挂式安装。先将减振器与风机用螺栓连接成一体，减振器对称安装，布置在风机重心两侧，直接将风机提升插入安装在悬挂支架上，悬挂支架的高度视实际空间距离由用户自定，16#以上风机一般不采用此种安装形式。

4）立式安装。风机立式安装方法与卧地式安装一致，对风机基础的强度与刚度要求更严格。

（3）风机与两端管道的连接

风机与两端管道的连接必须采用挠性接头，以隔离振动和保护风机。

（4）试运转

1）风机安装完毕后，在启动前应检查风机转动的灵活性，用手拨动叶片是否有卡住、摩擦现象。检查风机及相邻管道内是否有遗留工具和其他杂物。

2）检查管道内的风门是否处于开启状态。

3）人员应远离风机。

4）点动风机，查看风机转向是否与旋转标记相符，在检查合格后，试运行 10 ~ 30 min 后停止，检查叶片有无松动现象，减振座与基础连接螺栓有无松动，一切正常后，才正式启动，投入运行。

（5）风机正常运行

风机在正常运行中，主要监视电动机的电流，电流不仅是风机负荷的标志，也是一些异常事故的预报。其次要经常检查电动机与风机的振动是否正常及有无摩擦、异常响声。对并联运行的风机应注意监视风机是否在喘振状态情况下运行。

在正常运行中，如遇下列情况应立即停机检查：

1）风机发生强烈振动或有碰擦声。

2）电动机电流突然上升，并超过电动机的额定电流。

3）电动机轴承温度急剧上升。

（6）维护与保养

1）不带故障运行，只有在风机设备完全正常的情况下方可运转。

2）定期检查风机叶片是否松动，叶片与风筒间隙是否正常。

3）定期检查电动机与机壳连接螺栓紧固情况，检查减振座与基础连接是否完好。

4）定期清除叶片表面积灰、污垢。

5）定期为电动机轴承更换润滑脂，一般为三个月加一次油，也可按实际情况更换润滑脂。

2. 风机的修理

（1）轴流风机常见故障的排除方法

风机发生故障后，必须仔细检查，使故障得到尽快排除。风机常见故障及排除方法见表1—6。

表1—6　轴流风机常见故障及排除方法

故障现象	故障原因	排除方法
风量、风压不足	1. 风管漏气 2. 系统阻力大，局部堵塞 3. 传动带打滑或断裂 4. 电动机转速降低 5. 风机叶轮与轴配合松动 6. 转动方向不对（新安装风机）	1. 堵塞漏风部位 2. 清除堵塞物 3. 更换传动带 4. 检查供电电压或电动机其他原因 5. 检查松动原因进行处理 6. 检查调整转动方向
叶轮损坏或变形	1. 叶片固定螺栓松动或铆钉松动，腐蚀脱落 2. 轴承磨损，风机轴倾斜，叶轮与外壳严重摩擦（碰壳） 3. 叶轮内落入石块等硬质杂物打坏叶片	1. 修理变形叶片，更换轴承 2. 清洗轴承，加润滑油脂 3. 清理杂物，修复变形叶片
轴承过热或卡死	1. 轴承缺润滑油脂 2. 滚子轴承寿命已到 3. 轴承安装不好或风机轴与电动机不同心，轴承偏磨 4. 轴瓦刮开，安装间隙过小	1. 清洗轴承，加润滑油脂 2. 更换新轴承 3. 调整电动机与风机轴的同心度 4. 重新刮研轴瓦，调整轴与轴瓦间隙

续表

故障现象	故障原因	排除方法
风机不规则振动	1. 两轴不同心 2. 风机和电动机上两带轮安装不平行或电动机移位，固定螺栓松动 3. 带轮或键槽磨损、松动，带轮松动 4. 风机叶轮平衡不好 5. 机壳刚性不够	1. 调整同心度使其符合要求 2. 重新进行调整，固定电动机位置 3. 修理键槽，更换磨损键 4. 进行叶轮平衡检查 5. 对外壳进行加固

（2）轴流风机的修理

1）风机的传动带磨损过快。其原因主要是电动机轴和风机轴不平行导致槽内偏磨，因而磨损很快，易于断裂。

发生这一故障时，可用钢直尺侧面靠紧电动机带轮外圆面和风机带轮外圆面，一般风机不太容易位移，多以风机带轮外圆面为基准，一般没有特殊规定时允许的偏差为1 mm，若在钢直尺与带轮外圆面接触上出现较大缝隙，说明两带轮错位，应进行调整，符合要求后将电动机底座螺栓固定，最后用钢直尺复查。

2）轴承磨损过快。风机轴与轴承不同心，主要是由于轴承调整片放得不平整、螺栓的松动或位移所致。由于风机轴与轴承不同心，轻者轴瓦偏磨很快不能使用，造成风机轴弯曲变形，同时也造成轴承和轴承座磨损。风机轴磨损、弯曲的修复方法为：轴在拆卸以后用煤油或柴油清洗干净，然后检查外壳面有无裂纹、磨损和弯曲。对已磨损的轴可根据磨损度采用镀铬、喷镀和堆焊方法修复。若轴发生裂纹，一般要更换新轴，不予修理。如发生弯曲，对直径较小的轴，可用手锤校直，但受击面需垫铜板，以保护轴的表面；对直径较大轴的弯曲，需在车床上校直。

轴瓦偏差不严重时，可用三角刮刀修理，重新调整垫片。但在轴瓦刮研前应先将风机轴线与机壳轴心线校正，同时调整叶轮与进气口之间的间隙和机壳后侧板轴孔间隙，无特殊要求时，应使径向间隙均匀分布，力求间隙小一些。

当修复轴瓦时，轴承毡圈损坏可选用同等厚度的羊毛毡按原尺寸剪好放入即可。

采用滚珠轴承的风机，轴承因缺油、灰尘进入等原因造成磨损或钢珠脱皮、保持架破碎，甚至因缺油而卡死时应更换新轴承。更换时注意保护油和配合面不要被碰伤。

3）键槽损伤的修复。因振动或带轮发生轴向窜动，键槽与键大部分脱离，只有少部分接触时，键槽和键（尤其是键槽）会很快磨损。

修复的方法一般采用电焊堆焊，将轴上键槽填平，再在车床上车光，也可用锉刀修平，然后在与原键槽成90°位置另铣一键槽。带轮键槽损伤时，可直接在与原槽位置成90°方向另铣一键槽即可，不必重新更换轴和带轮。

4）轴流风机叶片碰壳。因垫片调整不平、固定螺栓松动、风机外壳支架断裂、外壳下沉等原因都会造成轴与风筒中心偏离、风机叶片发生碰壳的现象，严重时叶片会被折断。

处理时应将螺栓拧松，重新用垫片调整叶片与风筒之间的间隙，然后将螺栓固定。支架断裂可用电焊对断裂处重新进行补焊。

5）叶片擦冰。叶片擦冰是冷库中冷风机常见故障。主要原因是冷库不按时除霜后风筒内积水没有排净，冻结成冰，发生风机运行时叶片边缘与冰接触，严重时会将叶片冻住，电动机超载，叶片折断。

处理的办法为按时除霜，并采用措施防止风筒积水。也可将风筒下部钻几个小孔，使积水自行流出。

技能2　蒸发器的融霜、排液

冷库中蒸发器的温度远比库内空气的温度和冷藏货物表面的温度低，由于这个温差的存在，导致水蒸气分压力差的存在。在这个水蒸气分压力差的作用下，库内空气中以及冷藏货物表面的水分不断地向蒸发器表面转移，并凝结为霜。

蒸发器表面结霜后，导致热阻增加，传热系数下降。对于干式冷风机来说，还会导致空气流通阻力增大，风量减少。这些都会影响制冷装置的制冷效率，从而也影响到制冷加工或冷藏的效果。因此，定期清除蒸发器表面的霜层，就成为保持制冷装置应有效率的一项必要措施。

食品冷藏库中通常采用的融霜排液方法有如下几种：

一、人工扫霜和制冷剂蒸气融霜

对于冻结间的搁架式排管以及冻结物冷藏间的墙、顶排管，一般是采用人工扫霜和制冷剂蒸气融霜相结合的方法。

平时以人工扫霜为主，这是由于人工扫霜简单易行，不会引起库房温度的较大波动，并避免了因融霜滴水而损害食品质量的缺点。但是，隔一段时间进行制冷剂蒸气融霜，也是十分有益的。它可以融化扫霜难以清除的结冰霜层，对氨制冷装置而言还可以借此冲刷蒸发器内的积油及污物。

用于融霜的制冷剂蒸气，应从油分离器后的排气管上接出，以防止未被分离的润滑油进入蒸发器，这对氨制冷装置尤其重要。当油分离器设在室外，距离机房较远时可在机房设置专供热蒸气融霜用的油分离器，以保证即使在冬天仍能维持足够的融霜温度。

融霜前，必须将蒸发器内剩余的制冷剂液体排出，以切断蒸发器的内部冷源，充分发挥热蒸气加热融霜的效果。对于上进下出流向的氨或氟利昂蒸发器，排液流向和制冷剂的正常循环方向相同，供液一旦停止，蒸发器内的剩余氨液即经回气管自行排出。而对于下进上出流向的氨蒸发器，排液流向与制冷剂的正常流向相反，蒸发器内的剩余制冷剂液体，要借助于融霜热蒸气的压力排出蒸发器。

蒸发器的融霜排液有如下几个去向：

(1) 引至其他冷间正在使用的蒸发器，暂时代替供液管路的职能。这种方法适用于小型制冷装置的融霜排液。

(2) 引至专设的融霜排液桶，再由排液桶向系统供液。该方法在重力供液和液泵供液制冷装置中都有应用，尤其是在冻结能力比较大的水产冷库普遍采用这种方法。

(3) 引入低压循环储液桶，这在液泵供液上进下出流向的制冷装置中普遍采用，一旦停止供液，蒸发器内的全部液体随即全部流入低压循环储液桶。下进上出流向的制冷装置，也可以让低压循环储液桶兼做排液桶，设计时应把排液容积在低压循环储液桶的容积中考虑进去。

二、水融霜、制冷剂蒸气融霜

对于干式冷风机，一般采用水融霜、制冷剂蒸气融霜或者二者同时使用的融霜方法。不论是淋水融霜还是热蒸气融霜，都会对库温带来影响，融霜后需要 1 h 左右才能恢复到原来的库温，能量消耗较大。但是，热蒸气融霜同时可以带走蒸发器内的积油，淋水融霜速度较快，所以仍为目前应用最为广泛的一种融霜方式。

三、电加热融霜

用电加热融霜，可以省去设置专用的热蒸气融霜或淋水融霜的管系及有关设备，节省投资费用，系统简单，操作方便，易于实现自动化。但因其电耗很大，只有在小型冷冻机组中才采用。

学习单元3 冷库门维护

学习目标

➤ 了解冷库门。

➤ 掌握冷库门维护作业技术。

➤ 能够进行冷库门维护作业。

知识要求

冷库门是冷藏库重要的组成部分之一。其主要功能是在最大程度降低冷量损失的基础上，允许货物自由方便地储存和进出，同时保证工作人员的安全出入。冷库门与普通门的不同之处就是冷库门是一个可活动启闭的隔热围护结构。冷库门是库房货物进出的咽喉，库门、门洞及周围的墙壁、地面等是整个围护结构中最薄弱和受冲击最多的地方。因此，冷库门设计和管理的好坏，直接影响到整个冷库的使用年限和冷藏食品的质量。

一、冷库门的基本要求

1. 具有良好的隔热性能、气密性能，以减少冷量损失

门扇与门框的密封性要好，门扇与门框之间要用压缩性大、隔热性能好、密封性强的特制橡胶密封圈密封；门扇隔热层要有足够的厚度；门扇与门框的接缝要严密，不跑冷，不结冰；尽量采用单扇门（双扇门关闭不如单扇门严，易跑冷）；采用外贴式门扇。

2. 轻便、启闭灵活、有一定的强度

除门扇本身要用高强质轻的材料制作外，其门锁、门轴、铰链等也要灵活轻便；冷库门扇的尺度较大，并且易产生冰霜凝结，如过于笨重，开启将不方便。

3. 设有防冻结或防结露设施

可在冷库门、框与门密封面接触部位设置电热装置等。

4. 坚固、耐用和防冲撞

有动力装卸设备的冷库库门，在门洞两旁应增设1.2 m高的金属防护栏或防护板，手推车或电瓶车进出库房输送货物时，经常会与门框碰撞，因此，冷库门要能经得起这些碰撞，最好加设护板、栏杆、防碰柱等以做防护。

5. 设置安全、应急装置

设置应急安全灯及操作人员被误锁库房内的呼救信号设备，自开设备电动、气动和液压自动门应设误关闭保护。

6. 门洞尺寸应满足使用要求

为方便装卸作业，同时又减少开门时外界热量和湿气的侵入，门洞尺度应根据库房储存货物和运输方式而选用，以满足生产使用要求，选用可参考表 1—7。另外，当经常有小件盒装冷冻食品或饮品进出时，往往在冷库大门上再开设一个小门，方便使用并可节能。

表 1—7 门洞尺寸选用表 mm

<table>
<tr><td>门扇名称</td><td>小型冷藏门</td><td>中型冷藏门</td><td>大型冷藏门</td><td colspan="2">冻结间门</td></tr>
<tr><td>适用条件</td><td>冰库、小型冷库使用</td><td>通行手推车使用</td><td>通行电瓶铲车用</td><td colspan="2">适于吊运轨道库房用</td></tr>
<tr><td>墙体洞口 (B×H)</td><td>1 200×2 100</td><td>1 500×2 100</td><td>1 800×2 400</td><td colspan="2">1 500×2 700</td></tr>
<tr><td>门洞净空 (B×H)</td><td>900×1 950</td><td>1 200×1 950</td><td>1 500×2 250</td><td colspan="2">1 200×2 500</td></tr>
<tr><td rowspan="2">门扇规格 (b×h)</td><td rowspan="2">1 050×2 000</td><td rowspan="2">1 350×2 000</td><td rowspan="2">1 650×2 300</td><td>大门扇</td><td>1 350×2 000</td></tr>
<tr><td>小门扇</td><td>400×580</td></tr>
</table>

注：本表摘自全国通用工业厂房建筑配件标准图集［J641（一）］《冷藏库门》。

7. 能有效地防止产生“冷桥”

冷间进出门口地坪除防止“冷桥”产生外，还应能承受装卸设备作业的质量。

二、冷库门的分类及特点

冷库门按冷间的性质可分为高温库冷库门、低温库冷库门和气调库冷库门等。冷库门是冷库的主要配套设施，要求其具有良好的保温和气密性能，坚固耐用防碰撞，启闭灵活，有防冻结设施，并能有效地防止“冻桥”的产生。常用的分类方式，是以冷库门的结构和开启形式及冷库门的启闭动力等来分类。根据门与门洞的相对位置和连接方式分类，有嵌入式和外贴式冷库门，后者的外形简单，开启形式多样，适用范围广。根据开启的动力分类，有手动门、电动门、气动门和液压门。

后三种作为自动开启型冷库门，各有其优缺点，相对而言，电动门安装方便，使用最多。

三、冷库门的典型结构

1. 平开手动冷库门

（1）嵌入式平开手动冷库门

门扇嵌入门洞内，如果门扇、门框制作准确，骨架材料又不变形时，其密闭性能将是很好的，但实际的情况往往不是这样，因为门扇制作的尺寸不可能非常准确，制作、安装的误差与材料的变形（主要是木材）难以避免。使用时间长了，门扇受潮变形，门扇与门框的接缝有松有紧，加上缝隙中易结冰，使得门扇的开启有时很吃力。此种冷库门门框、门扇构造均较复杂。由于嵌入式冷库门存在以上缺点，故目前已不采用。

（2）外贴式平开手动冷库门

门扇贴于门框的外侧。外贴式冷库门避免了嵌入式门的缺点，门框与门扇的几何尺寸稍有变形对使用影响不大。如果密闭条性能良好，压紧装置有效，其密闭性能是良好的。门框、门扇的外形简单，制作安装方便，还可做成多种开启形式（如平开、推拉等）。门扇与门框的接缝处加设了低电压电热丝就不会结冰。

2. 平移式手动冷库门

平移式手动冷库门借助门扇上下的铰链可横向开启或关闭，并靠压紧机构实现密封，如图 1—10 所示，有单扇门和双扇门两种形式，多采用彩钢或不锈钢板做面板，内部采用聚氨酯泡沫塑料板做隔热材料。

3. 滑升式冷库门

它有手动折叠式、手动弧形式和手动垂直式三种。

（1）手动折叠滑升式冷库门

它由上下两门板用合页连接而成，配上重铁做平衡系统后能自由开闭，并能自锁。如图 1—11 所示为手动折叠式冷库门的工作原理，门两侧为铝合金立柱 4，内有重铁 5，钢丝绳 2 的一端连接重铁，另一端绕过滑轮 1 后与门 3 的下合页连接。当门提升时开始折叠，平衡重铁下落，使开启非常方便，图示位置是折叠门处于完全开的状态。这种门的优点是开启时不占通道，方便铲车进出作业，开闭平稳省力。

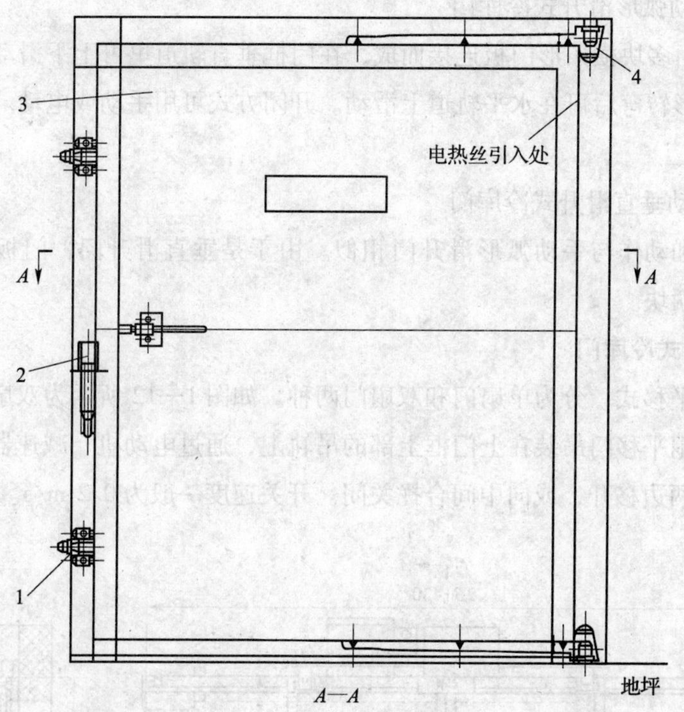

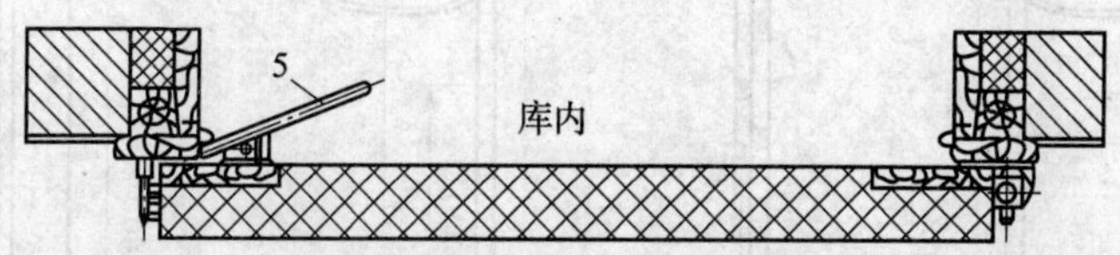

图 1—10 平移式手动冷库门

1—压紧定位装置 2—外部门拉手 3—门扇 4—铰链 5—内部门推手

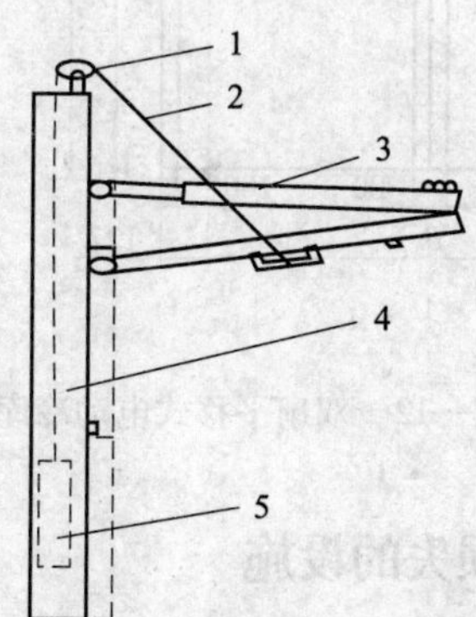

图 1—11 手动折叠式滑升冷库门

1—滑轮 2—钢丝绳 3—门 4—铝合金立柱 5—重铁

（2）手动弧形滑升式冷库门

这种门由多块横条形门板连接而成，在门框垂直轨道里可上下滑动，上滑时上部门板做弧形转弯后可在水平轨道上滑动。开闭方式可用手动或电动。它适用于小型冷库。

（3）手动垂直滑升式冷库门

其结构和动作与手动弧形滑升门相似。由于是垂直滑升门，门板不需多块连接，一般为两块。

4. 电动式冷库门

它多为平移式，分为单扇门和双扇门两种。如图1—12所示为双扇平移式电动冷库门。两扇平移门吊装在上门框上部的吊轨上，通过电动机、减速器和链条的传动，使门向两边移开，或向中间合拢关闭。开关速度一般为0.2 m/s。

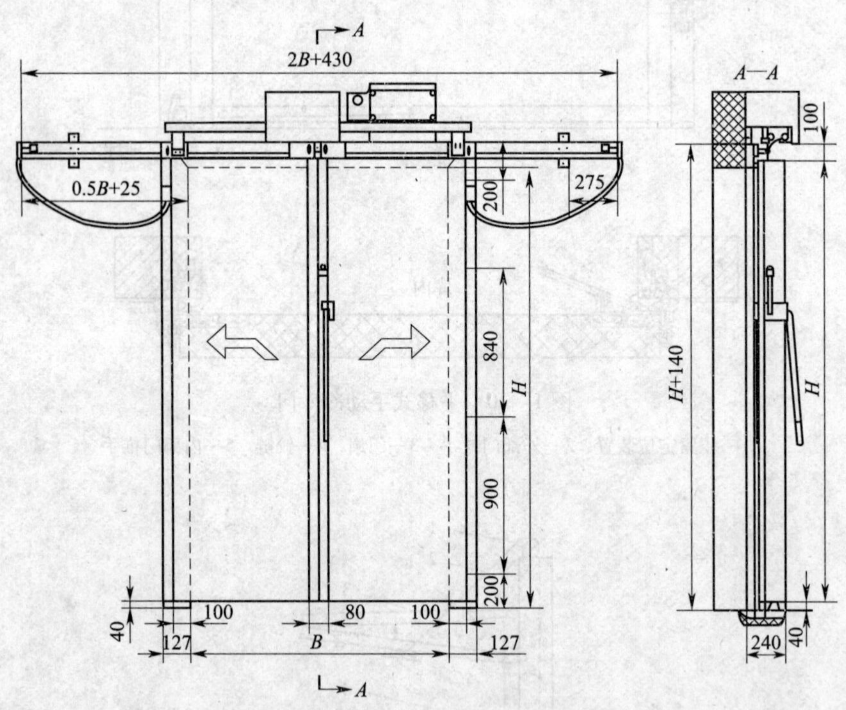

图1—12　双扇平移式电动冷库门

四、冷库开门防冷量损失的设施

冷库门开启后，必然造成一定的冷量损失及外界热湿负荷进入。如夏季冷藏库开门后，即使是几分钟，也会造成冷库冷量损失，外界热量、水蒸气进入库门，甚至造成库内温度很快回升，门入口处顶板结露滴水，地面由此结冰，进而对冷库建筑、商品质量和进出运输带来损害。减少冷库开门冷量损失，防止外界热湿负荷进入的基本措施是：在冷库门内侧设门和门帘；在冷库门上方设置空气幕；设置定温穿堂和封闭式站台，并在站台装卸口设置保温滑开门、站台高度调节板、密闭软接头等。

1. 门帘和门斗

冷库门帘一般挂在库门内侧紧贴冷库门。冷库早期多使用棉门帘，因其笨重、不卫生、阻挡视线，既不安全又易损坏，近年已被 PVC 软塑料透明门帘所取代。PVC 塑料门帘由相互搭接的条状 PVC 塑料条组成。PVC 塑料条有宽、窄之分，又有耐低温和常温之分，可按使用要求选择。这类塑料有无色透明、淡蓝色和黄色半透明等多种。通常黄色门帘用于需要防飞虫的场合。另外，除上述条状门帘外，还有一种卷帘式上下滑移式门帘。它通过弹簧式卷筒，松放软性卷帘，适时上下滑动，阻挡和隔断冷库门内外的热、湿交换。门斗设在冷库门的内侧，其宽度和深度约 3 m，与冷库门的宽度、铲车长度相配套，其高度略高于冷库门框，顶部由内向外有一定的倾斜，便于排除由于结露而产生的滴水。门斗的尺寸既要方便作业，又要少占库容。门斗的空间成为冷库内外的一个过渡区，门斗可以有效地减少冷量损失和外界热湿负荷的干扰。因门斗紧靠冷库门，是冷库内外热、湿交换的主要场所，结霜、滴水和冻融循环难以避免，所以门斗的制作材料以简易、轻质和容易更换为宜。另外，门斗地坪应设电热设施，以防止结冰。

2. 空气幕

由吹风机喷口吹出的气流幕来阻隔冷库门内外空气的热湿交换，既方便装卸作业人员及机械进出，又减少了冷库的冷量损失。空气幕的吹风机装在冷库门的上方，向下吹出一股幕式气流，由于风速和喷口角度的作用在库门口形成气幕，最后向库外流散。空气幕采用的吹风机通常为轴流式和贯流式风机。

五、冷库门构造

冷库门是可以活动启闭的隔热围护结构，要求轻巧、启闭灵活、密封性好、热阻大和容易修理。所以，一般选用强度高、质轻、耐低温、隔热性能好和不易变形的材料制作。它包括门扇、门樘、密封条和门五金件等部分。门扇是由骨架、隔热层和面层等构成。骨架用角钢或木材制作；隔热层用泡沫、塑料或软木制作；面层用镀锌铁皮、铝板或普通钢板（表面油漆）、玻璃钢制作。门樘是由毛樘、净樘和筒子板构成。毛樘与墙壁相接为承重构件；净樘安装五金件及门扇；筒子板保护隔热材料及作装饰用。橡胶封条是利用其弹性使门缝密闭，为防止密封条冰冻，在密封条旁边装设电热丝。

六、冷库门的使用与维护保养

冷库门在使用过程中，应注意开门、关门的力度。不得大力推、踢门，防止门猛烈撞击缓冲胶头。不得把平移门当做梯子爬上库顶作业，若有开门困难的情况出现，应检查上部吊滑轮有无卡阻或下部门体有无杂物堵住。并检查是否上轨道有下沉现象。螺栓松动等情况或密封条卡得太紧，应重新调整。经常检查库门密封胶条，做好清洁保养。防止因胶条变形而跑冷。电动平移门应经常检查各连接部位的螺栓是否松动。链条式同步带松紧是否合理，电动机及门体在运行过程中声音是否正常。

学习单元4　其他冷藏设备维护

学习目标

- 了解其他冷藏设备。
- 掌握其他冷藏设备维护作业技术。
- 能够进行其他冷藏设备维护作业。

知识要求

一、风幕机

风幕机安装在冷库门外热空气的一侧，它的作用是在库门开启时防止外界热空气的侵入，减少库内、外热湿交换，方便装卸作业。

由于货物的进出，冷库门的开启十分频繁，当冷库门打开时，库温受到一定的影响，库内外的冷热空气就会在门洞的周围进行剧烈的交换，产生大量的雾气，门洞周围的墙壁、地面、天棚等处易出现结涝滴水、结霜、结冰等现象。经多次反复冻融循环，冷库门周围的建筑构造极易损坏，同时还会影响食品冷藏质量。为了防止热空气从门洞进入库内，须在门上装设空气幕，依靠风幕机喷出的气流形成一道空气幕，使库内外的冷、热空气互相隔绝，起到防止冷量损失的作用，同时又不妨碍车辆的进出。空气幕必须适应不同的门高和不同的库内外温差，随时调整射流角度和风速、风量。目前，冷库常用普通 751 型空气幕，其规格见表 1—8。

表 1—8　　**普通 751 冷库用空气幕规格表**　　mm

型号	DSY—125	DSY—150	DSY—175
门洞净宽（B）	1 000	1 200	1 500
喷口长度（l）	1 250	1 500	1 750
空气幕总长（L）	1 620	1 870	2 120
顶埋件宽度（H）	1 240	1 454	1 704

1. 风幕机的结构

冷库用的风幕机有轴流式和贯流式两种，贯流式应用较广，其结构如图 1—13 所示。它是由一个电动机带动两个叶轮，这种结构特点决定了它有较好的平衡性。它和轴流式相比，有运行平稳、噪声低的特点，这也是它应用较广的原因。

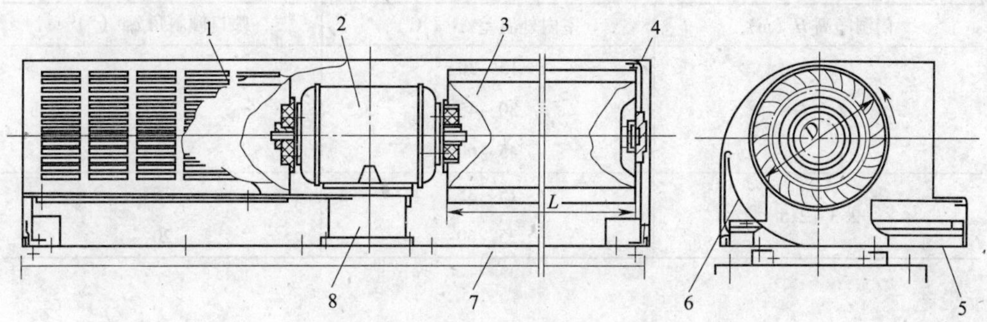

图 1—13　贯流式空气幕结构（GF 型）

1—外壳　2—电动机　3—叶轮　4—轴承座端板　5—底板　6—导风板　7—底座　8—电动机底座

轴流式风幕机的结构和安装如图 1—14 所示。

2. 风幕机的操作维护

风幕机的操作维护应遵守以下几项原则：

（1）风幕机应和冷库门联动，即冷库门开启风幕机启动，冷库门关闭风幕机同时关闭。

（2）风幕机的外壳较薄，一旦碰撞将会使叶轮碰到机壳，甚至卡住叶轮，造成电动机烧毁。

（3）为保证风幕机的工作效率，应根据库门的高度和库内外的温差，选择风幕机喷口的喷射角度。空气幕喷口倾斜角选用见表 1—9。

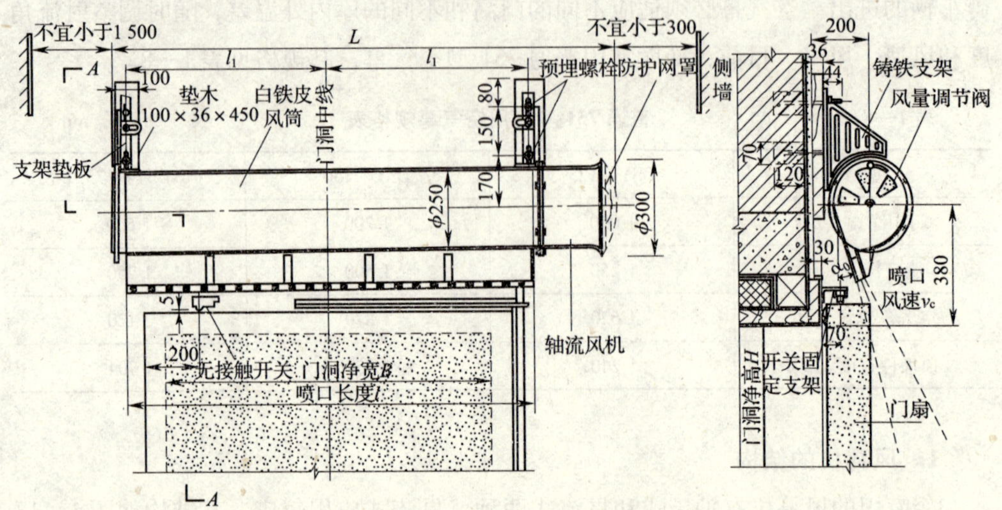

图 1—14　DSY 型空气幕安装总图

表 1—9　　**空气幕喷口倾斜角安装要求**

门洞净高 H（m）	室内外温差 Δt（℃）	喷口倾斜角 α_0（°）
2 左右	15 ~ 30	15
	30 ~ 45	20
	45 ~ 60	25
2.3 ~ 2.5	15 ~ 35	15
	35 ~ 60	20

二、包装机

包装机械是对物品实施自动包装的机械的总称。一般情况下，包装机械的制造是从制造辅助人手包装作业工具开始的，然后逐渐发展成为具有高度复杂结构的机械。包装机械的开发始于手工作业的自动化，然后逐渐转向高效率机械的开发。这样就提出了一种方案，即不经过手工作业阶段，而采取最适合机械作业的包装技术与机械开发同时进行的形式。

一般采用的包装机械机种有：定量供料的定量计量机、填充机、装袋机、制袋填充机、容器成型填充机、封口机、贴标机、纸盒包装机、外包装机、真空包装机、瓦楞纸箱包装机等。

1. 封口机

其作用包括热封、缝合、盖缝和结扎。封口机是进行这种作业的机械，是单个包装和内包装机械的一种。

热封机是封口机的一种，是利用热可塑性塑料的热软化性、熔合性，把同种或不同种的薄膜封合的机械。

2. 结扎机

结扎机是单个包装和内包装机械的一种，方法是利用拧紧袋口用 U 形的金属件来夹紧。

3. 贴标机

贴标机是在包装袋上贴上注有商品名称、生产单位、生产日期的标识标签的作业机械，是单个包装和内包装机械的一种。

4. 纸盒包装机

纸盒包装机是在纸板制的纸盒内装入一个或多个物品的作业机械，是单个包装和内包装机械的一种。有事先粘贴成桶状再压扁待包装的装配式和用纸板制的散片用机器现折式两种。

5. 外包装机

外包装机用于将软包装袋材料覆盖一个或多个固体物品。其方式如下：

（1）把物品放在软包装材料上，折起边缘后固定的折叠式。

（2）把物品放在软包装材料上，拧起两端或一端的拧结式。

（3）用软包装材料把物品包装起来，采用枕式包装形式。

（4）用软包装材料把六面体物品的四个面（除上、下面）套封起来。

（5）把物品放到纸、纸板或塑料薄膜上面，然后在上面盖上一层经过预热的塑料薄膜，脱气，使薄膜沿着物品的外形紧密包住，把四周的薄膜同底部的薄膜（或纸、纸板）热封成真空形式。

（6）利用热收缩性包装材料把物品包装起来，加热表面并使之收缩，牢牢固定包装物品成收缩包装形式。

（7）边拉紧弹性软包装材料边把食品包装起来的形式。

外包装机用于单个包装，有时也用于内包装。

6. 折叠包装机

折叠包装机是外包装机的一种，它是把一个或多个物品放在软包装材料上，折起端部的机械。

7. 枕式横包装机械

枕式横包装机械是外包装的一种，它把沿水平方向送来的一个或多个固体物品用软包装材料包成筒状，密封后切成规定大小。

三、脱盘机

冻结完成后的食品应立即进行脱盘操作，然后进行冷藏。食品脱盘的操作应在阴凉的场所进行，并具有良好的给、排水条件。

脱盘过去常采用干脱的方法，即将冻结盘反转后用力敲击，这种方法极易破坏冻结盘。现大多采用浸水脱盘的方法，即将冻结盘（面向上，盘内不进水）浮过一个具有常温的水槽，使食品与冻结盘冻粘的地方融化脱离，然后立即将盘反转，倒出食品块。盘在水槽内的时间以刚能使食品和盘脱离为宜，以免过多地融化食品，影响质量。

目前不少冷库采用机械脱盘的装置，它是一个可以移动的翻盘机械，可将经过水槽后有些融化的盘推到脱盘机的台板上，由翻盘旋转动作将冻结盘翻到滑板上，使食品和冻结盘分离。

四、叉车

冷库所用的叉车都以蓄电池为动力，没有废气排出，而且轻便灵活，维护管理简单，容易操作。

叉车的形式很多，主要有平衡重式叉车、前移式起重叉车、伸臂式起重叉车和装卸叉车。现代化冷库储存中常用的几种搬运机械见表1—10。

表1—10　　现代化冷库储存中常用的几种搬运机械

序号	名称	图例	结构、应用特点	备注
1	平衡重式叉车		采用大轮胎，稳定性好，可适用于室外和适当斜坡上作业，其作业通道的宽度为4 m	适用于多种储存货架
2	前移式起重叉车		设有举重门架、货叉，能进入货架中进行作业，所需通道宽度仅为平衡重式叉车的2/3，能灵活地在平坦的窄道中操作	适用于多种储存货架

续表

序号	名称	图例	结构、应用特点	备注
3	伸臂式起重叉车		由具有伸缩功能的货叉、上下滑动的门架及撑脚组成，其货架可深入深储式货架中存取货物，并具有良好的稳定性	适用双重深储型或电控移动型货架
4	巷道特高起重铲车		一般称为“塔楼”式叉车。因搬运托盘不需在通道中转向，故通道比托盘宽度稍宽即可。通常提升高度可达 14 m，沿导轨存取货物极为迅速，货物流动量大	适用于巷道型货架
5	电控堆垛型起重机		当货架高度超过 14 m 时尤为适用。它是在移动货架的塔架上装配伸缩性的货叉，通常每一条通道配置一台起重机，但当货物流量较低时，也可转轨而用于多条通道。其控制方式有手动、半自动和全自动操作	适用于巷道形式自动储存型货架
6	升降拣货型铲车		该铲车有一升降平台，能将操作人员提升到所有的货架面，在一个托盘或一个货格中，对某一商品小批量选取。其移动方式同巷道特高起重铲车	适用于巷道形式自动储存型货架
7	轻便拣货型起重车		它是一种轻便型电动堆垛起重机，可人工操作达 10 m 高度。它一般固定装置在构架上，故运行操作安全，方便“拣寻”时间	适用于巷道形式自动储存型货架

冷库中应用最普遍的是电动装卸车，也称电动叉车。这种车供水平和垂直运输冷藏用品，它可完成下列工作：在车厢内进行装卸、对冷藏品进行堆码、短距离输送。也可以根据工作需要，把前面的装卸叉换成两侧抓钩、犬牙形起重钩、装卸箱或起重臂，以完成不同的工作。

叉车属于机动车辆，应由经过专门培训的人员持证操作。其维护应由专人进行，每年应进行一次总检，总检不合格的车辆不准使用。

技能要求

技能1　风幕机的安装与保养

一、风幕机的安装要求

（1）本机应安装在门框上。

（2）门洞宽度必须小于或等于风帘长度（若门洞过宽，要将数台风幕机连接安装使用）。

（3）安装底板必须牢固地连接在墙上（或柱子上），防止由于松动而引起的振动。

二、风幕机的安装方法

安装在混凝土墙上时，根据安装底板上的孔的位置，安排8个M10×60螺栓的相对尺寸位置，把螺栓预埋水泥中。然后将安装底板固定其上。或者直接在混凝土墙上钻孔，用膨胀螺栓固定。

三、风幕机的使用与保养

1. 风幕机的电源开关

电源开关一个通断电源，另两个控制转速，有高低两挡。

（1）为了保持室内温度，使用时开低速挡。

（2）为了防尘、防气味、防蛀等，使用时开高速挡。

2. 风幕机风向调节板的方向

（1）当室内供暖时，转动导风板，风口向外。

（2）当室内供冷时，转动导风板，风口向内。

（3）当用其防尘、防蛀、防气味等时，转动导风板，风口向外。

3. 风幕机保养办法

（1）检查、清洗本机前应切断电源。

（2）将一块柔软的织物用清洗剂沾湿，清洗进风百叶窗板、风帘叶片和罩壳。

（3）清洗叶片时，用力轻柔，否则将引起变形和颠振。

技能 2　叉车的操作与保养

以汽油和柴油发动机叉车的操作与保养为例：

一、叉车操作注意事项

（1）经培训并持有驾驶执照的司机方可开车。

（2）在开车前检查各控制和警报装置，如发现损坏或有缺陷时，应在修理后操作。

（3）搬运时不应超过规定负荷，货叉须全部插入货物下面，并使货物均匀放在货叉上，不许用单个货叉尖挑货物。

（4）平稳地进行起动、转向、行驶、制动和停止，在潮湿或光滑的路面，转向时须减速。

（5）装物行驶应把货物放低，门架后倾。

（6）坡道行驶应小心，在大于十分之一的坡道上行驶时，上坡应向前行驶，下坡应后退行驶，上、下坡忌转向，叉车在行驶时，请勿进行装卸作业。

（7）行驶时应注意行人、障碍物和坑洼路面，并注意叉车上方的空隙。

（8）不准人站在货叉上，车上不准载人。

（9）不准人站在货叉下，或在货叉下行走。

（10）不准从司机座以外的位置上操纵车辆和属具。

（11）不要搬运未固定或松散堆垛的货物，小心搬运尺寸较大的货物。

（12）起升高度大于 3 m 的高门架叉车应注意上方货物掉下，必要时须采取防护措施；工作时应尽量使门架后倾，并在最小范围内做前后倾。

（13）加燃油时，司机不要在车上，并使发动机熄火，在检查电瓶或油箱液位时，不要点火。

（14）离车时，将货叉下降着地，并将挡位手柄放在空挡位置，发动机熄火并断开电源，将手制动拉好，在坡道停车时，还须用垫块垫住车轮。

二、叉车的保养

要使叉车工作正常可靠，发挥叉车潜在能力，要有经常维护措施。技术维护保养措施，一般为：

（1）日常维护，每班工作后。

（2）一级技术保养，累计工作100 h后，一班工作制相当于两周。

（3）二级技术保养，累计工作500 h后，一班工作制相当于一个季度。

三、日常维护

（1）清洗叉车上污垢、泥土，重点部位是：货叉架及门架滑道、发电机及启动器、蓄电池电极叉柱、水箱、空气滤清器。

（2）检查各部位的紧固情况，重点是：货叉架支承、起重链拉紧螺栓、车轮螺钉、车轮固定销、制动器、转向器螺钉。

（3）检查转向器的可靠性、灵活性。

（4）检查渗漏情况，重点是：各管接头、柴油箱、机油箱、制动泵、升降油缸、倾斜油缸、水箱、水泵、发动机油底壳、变矩器、变速器、驱动桥、主减速器、液压转向器、转向油缸。

（5）轮胎气压检查：不足应补充至规定值，确认不漏气。检查轮胎接地面和侧面有无破损，轮辋是否变形。

（6）制动液、水量检查：查看制动液是否在刻度范围内，并检查制动管路内是否混入空气。添加制动液时，防止灰尘、水混入。向水箱加水时，就使用清洁自来水，若使用了防冻液，应加注同样的防冻液。水温高于70℃时，不要打开水箱盖，打开盖子时，垫一块薄布，不要戴手套拧水箱盖。

（7）发动机机油量、液压油、电解液检查：先拔出机油标尺，擦净尺头后插入再拉出检查油位是否在两刻度线之间。工作油箱内油位应在两根刻度线之间；油太少，管路中会混入空气，太多会从盖板溢出。电瓶电解液也同样要处在上下刻度线之间，不足则要加蒸馏水到顶线。

（8）制动踏板、微动踏板、离合器踏板、手制动检查：踩下各踏板，检查是否有异常迟钝或卡阻。手制动手柄的作用力应小于300 N，确认手制动安全可靠。

（9）传动带、喇叭、灯光、仪表等检查：检查传动带松紧度是否符合规定，没有调整余量或破损有裂纹，须更换；喇叭、灯光、仪表均应正常有效。

（10）放出机油滤清器沉淀物。

四、一级技术保养

按照“日常维护”项目进行，并增添下列工作。

（1）检查气缸压力或真空度。

（2）检查与调整气门间隙。

（3）检查节温器工作是否正常。

（4）检查多路换向阀、升降油缸、倾斜油缸、转向油缸及齿轮泵工作是否正常。

（5）检查变速器的换挡工作是否正常。

（6）检查与调整手、脚制动器的制动片与制动鼓的间隙。

（7）更换油底壳内机油，检查曲轴箱通风接管是否完好，清洗机油滤清器和柴油滤清器滤芯。

（8）检查发电机及起动电动机安装是否牢固，接线头是否清洁、牢固，检查电刷和整流子有无磨损。

（9）检查风扇传动带松紧程度。

（10）检查车轮安装是否牢固，轮胎气压是否符合要求，并清除胎面嵌入的杂物。

（11）由于进行保养工作而拆散零部件，当重新装配后要进行叉车路试：

1）不同程度下的制动性能，应无跑偏、蛇行。在陡坡上，手制动拉紧后，能可靠停车。

2）倾听发动机在加速、减速、重载或空载等情况下运转，有无不正常声响。

3）路试一段里程后，应检查制动器、变速器、前桥壳、齿轮泵处有无过热。

4）货叉架升降速度是否正常，有无颤抖。

（12）检查柴油箱进油口过滤网是否堵塞破损，并清洗或更换滤网。

五、二级技术保养

除按一级技术保养各项目外，并增添下列工作：

（1）清洗各油箱、过滤网及管路，并检查有无腐蚀、撞裂情况，清洗后不得用带有纤维的纱头、布料抹擦。

（2）清洗变矩器、变速箱，检查零件磨损情况，更换新油。

（3）检查传动轴轴承，视需要调换万向节十字轴方向。

（4）检查驱动桥各部紧固情况及有无漏油现象，疏通气孔。拆检主减速器、差速器、轮边减速器，调整轴承轴向间隙，添加或更换润滑油。

（5）拆检、调整和润滑前后轮毂，进行半轴换位。

（6）清洗制动器，调整制动鼓和制动蹄摩擦片间的间隙。

（7）清洗转向器，检查转向盘的自由转动量。

（8）拆卸及清洗齿轮油泵，注意检查齿轮、壳体及轴承的磨损情况。

（9）拆卸多路阀，检查阀杆与阀体的间隙，如无必要时勿拆开安全阀。

（10）检查转向节有无损伤和裂纹，检查转向桥主销与转向节的配合情况，拆检纵横拉杆和转向臂各接头的磨损情况。

（11）拆卸轮胎，对轮辋除锈刷漆，检查内外胎和垫带，换位并按规定充气。

（12）检查手制动机件的连接紧固情况，调整手制动杆和脚制动踏板工作行程。

（13）检查蓄电池电液比重，如与要求不符，必须拆下充电。

（14）清洗水箱及散热器。

（15）检查货架、车架有无变形，拆洗滚轮，检查各附件固定是否可靠，必要时补添焊牢。

（16）拆检起升油缸、倾斜油缸及转向油缸，更换磨损的密封件。

（17）检查各仪表感应器、熔断器及各种开关，必要时进行调整。

六、全车润滑

新叉车或长期停止工作的叉车，在开始使用的两星期内，对于应进行润滑的轴承，在加油润滑时，应利用新油将陈油全部挤出，并润滑两次以上，同时应注意下列几点：

（1）润滑前应清除油盖、油塞和油嘴上面的污垢，以免污垢落入机构内部。

（2）用油脂枪压注润滑剂时，应压注到各部件的零件接合处挤出润滑剂为止。

（3）在夏季或冬季应更换季节性润滑剂（机油等）。

技能3　包装机械的管理、维护和保养

一、包装机械的管理

1. 设备的使用

（1）新人员在独立使用设备前，必须经过对设备的结构性能、安全操作、维护要求等方面的技术知识教育，以及实际操作与基本功的培训。

（2）应经常有计划地对操作工人进行技术教育，以提高其对设备使用维护的能力。

企业中应分以下三级进行安全教育：

第一级：企业教育由教育部门负责，设备动力和技术安全部门配合。

第二级：车间教育由车间主任负责，车间机械员配合。

第三级：工段（小组）教育由工段长（小组长）负责，班组设备员配合。

经过相应技术训练的操作工人，要进行技术知识和使用维护知识的考试，合格者获得操作证后方可独立使用设备。

2. 凭证操作设备

凭证操作是保证正确使用设备的基本要求。精密、大型、稀有和重点设备的操作人员由企业设备主管部门主考，其余设备的操作人员由使用设备单位分管设备领导主考。考试合格后，统一由企业设备主管部门签发设备操作证，技术熟练的人员经教育培训后确有多种技能者，考试合格后可取得多种设备的操作证。

3. 定人、定机制度

使用设备应严格实行岗位责任制，以确保正确使用设备和落实日常维护工作。

定人、定机名单由设备使用单位提出，一般设备经车间机械员同意，报设备主管部门备案。

定人、定机名单审批后，应保持相对稳定，确需变动时，应按上述规定程序进行。

二、包装机械的维护和保养

设备的维护是操作人员为了保持设备的正常技术状态，延长使用寿命所必须进行的日常工作，也是操作人员的主要责任之一。设备维护工作做好了，可以减少停工损失和维修费用，降低产品成本，保证产品质量，提高生产效率。

1. 设备维护的“四项”要求

设备维护必须达到的四项规定，要求如下：

（1）整齐

工具、工件、附件放置整齐，设备零部件及安全防护装置齐全，线路、管道完整。

（2）清洁

设备内、外清洁，无黄袍，各滑动面、丝杠、齿条等无黑油污，无碰伤；各部位不漏油、不漏水、不漏气、不漏电。

（3）润滑

按时加油、换油，油质符合要求，油壶、油枪、油杯、油嘴齐全，油毡、油线清洁，游标明亮，油路畅通。

（4）安全

实行定人、定机和交接班制度，熟悉设备结构，遵守操作维修规程，合理使用，精心维护，监测异状，不出事故。

2. 设备的日常维护

设备日常维护包括每班维护和周末维护两种，由操作人员负责执行。

（1）每班维护

班前对设备各部位进行检查，并按规定加润滑油。规定的点检项目应在检查后记录在点检卡上，确认正常后才能使用设备。设备运行中要严格按照操作维护规程正确使用设备，注意观察其运行情况，发现异常要及时处理，操作人员不能排除的故障，应通知维修人员检修，并由维修人员在“故障修理单”上做好检修记录，下班前用15 min左右的时间认真清扫、擦拭设备，并将设备状况记录在交接班簿上，办理交接班手续。

（2）周末维护

它主要要求在每周末和节假日前，用1～2 h对设备进行较彻底的清扫、擦拭和涂油，并按设备维护“四项”要求进行检查评定，予以考核。

日常维护是设备维护的基础工作，必须做到制度化和规范化。

3. 设备定期维护

设备定期维护是在维修人员辅导配合下，由操作人员进行的定期维护工作，是设备管理部门以计划形式下达执行的。两班制生产的设备约3个月进行一次，其作业时间按设备复杂系数每单位为0.3～0.5 h计算停歇，视设备的结构情况而定。

（1）设备定期维护的主要内容如下：

1）拆卸指定的部件、箱盖及防护罩等，彻底清洗、擦拭设备内外。

2）检查、调整各部件配合间隙，紧固松动部位，更换个别易损件。

3）舒通油路，添加油，清洗滤油器，更换冷却液。

4）清洗导轨及滑动面，清除毛刺及划伤。

5）清扫、检查、调整电气线路及装置。

（2）设备通过定期维护后，必须达到以下目的：

1）内外清洁，呈现本色。

2）油路畅通，油标明亮。

3）操作灵活，运转正常。

思 考 题

1. 消毒、灭菌的定义是什么?
2. 常用的消毒方法有哪些?
3. 常用的消毒剂有哪些? 各有什么特点?
4. 影响消毒剂功能的因素分别是什么?
5. 消毒剂选择标准如何确定?
6. 冷库除霉方法有哪几种? 化学除霉剂常用的有哪些?
7. 冷库常用设备有哪些? 其特点如何?
8. 温度计有多少种? 其特点是什么?
9. 湿度计有多少种? 其特点是什么?
10. 通风机的常见故障有哪些? 消除方法是什么?

第2章 进、出库管理

第1节 外观检查与设备

学习单元1 进、出库冷藏品外观检查

学习目标

> 了解包装检验知识。
> 掌握冷藏品外包装检验作业技术。
> 能够进行冷藏品入库外包装常规检验作业。

知识要求

包装检验是对冷藏品的外包装和内包装以及包装标志进行检验。主要检验外包装是否完好无损，包装材料、包装方式和衬垫物等是否符合规定要求。除包装材料和包装方法必须符合标准规定外，还应检验内外包装是否牢固、完整、干燥、清洁，是否适于长途运输和保护商品质量、数量的习惯要求。品质检验也称质量检验。运用各种检验手段，包括感官检验、化学检验、仪器分析、物理测试等。

品质检验大体上包括外观质量与内在质量检验两个方面：外观质量检验主要是对冷藏品的外形、结构、色泽、气味、疵点、表面缺陷等的检验；内在质量检验一般指有效成分的种类含量、有害物质的限量、冷藏品的化学成分、物理性能、使用效果等的检验。同一种冷藏品根据不同的外形、尺寸、大小、包装类型等而有各种不同的规格。

一、食品包装材料的安全性检测要求

食品包装是指用于盛装食品或为保护食品安全卫生、方便运输、促进销售，按一定的技术方法而加工制成的与食品直接接触的容器、材料及辅助物等的总称。材料及辅助物包括纸、竹、木、金属、搪瓷、陶瓷、塑料、橡胶、天然纤维、化学纤维、玻璃制品和接触食品的涂料等。

1. 食品包装检验的目的和意义

各种食品容器、包装材料和食品用工具、设备本身不是食品，但由于这类产品直接或间接接触食品，而且所使用的化学成分多并且复杂，就很有可能在食品生产加工、储藏、运输和经营过程中造成食品污染。因此必须对这类产品的生产经营和使用进行严格的卫生管理。

目前，美国、欧盟、日本等发达国家（地区）都对与食品接触的包装材料制定了相应的法规和限量标准，并实施了严格的市场准入管理。

2. 各种食品包装材料的特点和安全性

（1）塑料

塑料是目前使用最为广泛的一类食品包装材料，是由大量小分子的单体（原料树脂）通过聚合或共聚为高分子化合物加工而成，有的塑料在生产中需加入一定的助剂（增塑剂、稳定剂、抗氧剂等）以满足加工工艺所需或使塑料具有不同的特性。因此，塑料制品的安全性主要取决于单体和助剂的毒性及可迁移性。常见塑料中聚乙烯（PE）和聚丙烯（PP）安全性最好，因为这两类塑料的单体原料——乙烯和丙烯是无毒的物质，在生产加工的过程中也很少或不加入加工助剂。不同种类塑料的物理特性也不一样，在目前用于食品包装的各种塑料中，阻气阻湿性能以聚偏氯乙烯（PVDC）最佳，印刷性能以尼龙为好，机械强度和抗冲击性以聚碳酸酯（PC）最优，耐腐蚀、耐热、耐寒性能以丙烯腈-丁二烯-苯乙烯（ABS）和丙烯腈-苯乙烯（AS）最好，各种塑料各自的特性也决定了其不同的用途。复合塑料包装薄膜是由几种塑料（或铝）膜粘接而成，综合了各类塑料的特点，性能更佳，适用性更强，目前多数食品的包装膜采用的都是复合膜，影响复合膜安全性的还包括使用的胶黏剂（甲苯二胺）。表 2—1 是对各种塑料物理特性和安全性的简介。

表 2—1　　常见食品包装用塑料物理和安全特性一览表

品种	物理性能	常见用途	安全性问题	国家标准和特异性指标限量
聚乙烯（PE）	高压聚乙烯柔软，透气性佳，耐油性差；低压聚乙烯坚硬、耐高温	高压聚乙烯：保鲜膜；低压聚乙烯：塑料砧板	乙烯单体制作、加工中较少加入助剂，安全性高	树脂 GB 9691—1988 成型品 GB 9687—1988
聚丙烯（PP）	透明度好，阻湿性好；耐热，可煮沸消毒；耐寒性差	薄膜、食品周转箱、微波饭盒、饮用水管	丙烯单体制作，加工中较少加入助剂，安全性高	树脂 GB 9693—1988 成型品 GB 9688—1988
聚氯乙烯（PVC）	耐化学性好、机械强度高；PVC 保鲜膜；透气性、防雾性和黏接性好，机械强度大，但不耐热	薄膜、管道、垫片	PVC 无毒；氯乙烯单体有胚胎毒性，可致突变和肿瘤；生产中稳定剂、增塑剂用量较大，使用中应避免接触高油脂食物	树脂 GB 4083—1994， 氯乙烯单体≤5 mg/ kg； 成型品 GB 9681—1988 GB 14944—1994， 氯乙烯单体≤5 mg/ kg
聚苯乙烯（PS）	耐油、耐酸、耐碱、耐醇	发泡聚苯乙烯：一次性饭盒；高抗冲聚苯乙烯：托盘	聚苯乙烯无毒；苯乙烯能致畸、致突变，属 2B 类致癌物	树脂 GB 9692—1988， 苯乙烯≤0. 5%， 乙烯≤0. 3% 成型品 GB 9689—1988
聚偏氯乙烯（PVDC）	耐化学物质、阻气性和阻湿性在塑料中最佳，耐热、机械强度高	火腿肠灌肠膜	偏氯乙烯及氯乙烯单体有毒性	GB 15204—1994， 氯乙烯单体≤2 mg/ kg 偏氯乙烯≤2 mg/ kg
三聚氰胺甲醛（密胺，MF）	热固性塑料，耐热（120℃）、耐油、耐醇、耐污染	食具和餐具，不可用于微波加热	三聚氰胺无毒；游离甲醛具有细胞原浆毒性	GB 9690—1988， 甲醛≤30 mg/L
聚碳酸酯（PC）	耐热、耐寒、机械性能好、耐油、不耐乙醇	饮用水桶、模具、奶瓶、家用食品加工设备	PC 无毒；双酚 A、苯酚可引起动物癌症	树脂 GB 13116—1994， 酚≤0. 05 mg/L 成型品 GB 14942—1994 酚≤0. 05 mg/L

续表

品种	物理性能	常见用途	安全性问题	国家标准和特异性指标限量
聚对苯甲酸二乙醇酯（PET）	高强韧性、高阻气性、高透明性；耐酸、耐碱、耐溶剂；薄膜耐热	饮料容器、复合袋薄膜	PET 树脂无毒，催化剂（三氧化二锑）有毒性	树脂 GB 13114—91，锑≤1.5 mg/ kg 成型品 GB 13113—91 锑≤0.05 mg/ kg
尼龙	耐磨、耐热、耐寒、耐药品、强韧，但耐酸性较差	薄膜、过滤网和食品加工机械等	尼龙无毒，己内酰胺能引起神经衰弱	成型品 GB 16332—1996，己内酰胺≤15 mg/L
丙烯腈 - 丁二烯 - 苯乙烯（ABS）和丙烯腈 - 苯乙烯（AS）	耐腐蚀、耐热、耐寒、抗冲击，AS 透明	家用食品加工设备、冰箱内胆及器皿	苯乙烯毒性问题，丙烯腈引起循环系统、肾脏损伤和血液生化改变	ABS GB 17326—1998，丙烯腈≤11 mg/L AS GB 17327—1998，丙烯腈≤50 mg/L
不饱和聚酯树脂及其玻璃钢	成型方便、耐寒、质轻、抗冲击	酒和调味品发酵罐、冷库和水箱库板	树脂及其玻璃钢无毒，引发剂过氧化甲乙酮、催化剂环烷酸钴、苯乙烯有毒性	GB 13115—91，苯乙烯≤0.1%

（2）金属

1）不锈钢。加工食品设备用的不锈钢根据硬度和耐腐蚀性分为奥氏体型不锈钢和马氏体型不锈钢（俗称不锈铁）两种，前者硬度较低，耐腐蚀性较好，多用于食品容器、加工机械、厨房设备；后者硬度较高，但耐腐蚀性较差，多用于加工刀、叉等食具。不锈钢的安全性问题主要是铅、铬、镍、镉、砷等重金属的迁移。

2）铝。用于加工食具的一般应为含杂质较少的精铝，但精铝硬度较低，法规规定仅制造菜铲、饭勺等炊具允许使用回收铝。铝制食品包装材料的安全性问题包括铅、锌、砷、镉等重金属的迁移。

3）搪瓷。相对于不锈钢和铝，搪瓷耐酸、耐高温，且易于清洗。搪瓷食品包装材料的安全性问题主要是颜料中的钛、锌、镉、铅、锑的氧化物。

（3）橡胶

1）天然橡胶。橡胶树流出的乳胶，经过凝固、干燥等工艺加工而成的弹性固形物。根据加工工艺的不同，有乳胶、烟胶片、风干胶片、白皱片、褐皱片等。天然橡胶本身一般无毒，但褐皱片可能含杂质较多，烟胶片经过烟熏可能含有多环芳烃。

2）合成橡胶。由二烯类单体聚合而成的物质，有硅橡胶、丁橡胶、乙丙橡胶、丁苯胶、丁腈胶、氯丁胶等多种。硅橡胶安全性较好，丁苯胶和丁腈胶分别存在苯乙烯单体和丙烯腈的安全性问题。

（4）涂料

1）大池内壁涂料。主要包括过氯乙烯涂料、漆酚涂料和聚酰胺环氧树脂涂料，安全性分别与过氯乙烯中的氯乙烯单体，漆酚中的游离酚、甲醛，聚酰胺环氧树脂中的聚酰胺残留，环氧树脂中的双酚A有关。

2）罐头内壁涂料。主要包括环氧酚醛涂料、环氧树脂涂料和乙烯树脂涂料，三种涂料主要的安全问题均为游离酚、甲醛。

3）餐具、食品设备涂料。包括有机硅防粘涂料和氟涂料。有机硅防粘涂料一般用于面包、糕点的模具，安全性较高。全氟涂料最常见的为聚四氟乙烯（即特氟龙），一般用于制作不粘炊具，聚四氟乙烯本身无毒，但在280℃时可发生裂解，产生氟化物，因此使用温度不得超过250℃。

（5）其他

1）陶瓷。影响其安全性的主要是颜料中铅、镉等金属物，釉上彩通常较釉下彩的瓷器能溶出更多金属。

2）玻璃。玻璃安全性很好，但有色玻璃可能会有铅、砷、锑等重金属迁出。

3）纸质包装材料和植物纤维类食品容器。纸质和植物纤维包装材料的安全性问题主要包括农药残留、荧光漂白剂、印刷油墨颜料和溶剂、微生物污染及植物纤维类食品容器加工中使用的助剂。

3. 食品包装材料的安全性检测要求

食品包装材料因分子结构、所加助剂及成型工艺不同而表现出较大差异。所以必须对食品包装材料有关安全的各项性能进行检测。主要的安全性能检测有：

（1）阻隔性能

包装材料透气阻隔性能好，可以阻止气体侵入，避免商品受潮霉变；有些食品又需要有较好的透气性和透湿性，以利于包装内外的气体交换。大部分食品变质的原因就是因为所选材料的阻隔性能不合适。

（2）力学性能

力学性能包括抗压、抗拉、抗冲击、剥离强度、耐穿刺性等性能，以保护食品在储藏堆码、运输流通、搬运装卸等过程中能抵抗外界各种破坏力。

(3) 热封性能

热封性能也是食品包装材料的一项核心性能。由于材料的配方问题，常出现包装材料的热封性能不稳，材料在同一热封条件下热封强度出现高低变化，导致假封；而自动包装更应掌握热封温度、热封时间、热封压力，避免漏封、虚封、封漏、粘封头、拉丝等情况出现，否则会影响包装外观和食品安全。

(4) 溶剂残留量

包装的溶剂残留一般产生于油墨印刷、干复工艺使用溶剂的生产工艺过程中，常用的溶剂有甲苯、丁酮、乙酸、乙酯等。包装材料中的残留溶剂会向被包装的食品中迁移，对人体和环境造成危害。

(5) 迁移性能

为避免包装材料中的有害物质向食品迁移，主要是用数学模型（基于 Fick 第二定律的扩散模型）和迁移试验研究来确定迁移量；并制定法律法规来限制与食品直接接触的包装材料及器具的迁移浓度量。

(6) 密封性要求

密封性要求是指对食品包装的整体密封性能。

(7) 材料的爽滑性

包装薄膜的爽滑性是指两层复合包装袋外表面在没有外界胶黏剂存在的情况下，简单地粘在一起后被分开的难易程度。

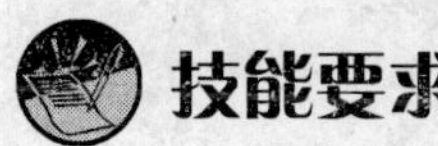

技能要求

冷藏品外包装检验作业

一、操作步骤

步骤 1　核单

认证核查数据，按要求审查好每一单。做好进出货单的输入，货物进货、出货复核，冷库实货盘点。

步骤 2　抽样

基本要求是要保证所抽取的样品单位对全部样品具有充分的代表性。

步骤 3　外观检验

1. 牢固、完整、清洁

检查包装外观是否清洁卫生、有无破损。

2. 色泽、气味

检查冷藏品的色泽、气味是否正常。

3. 触感、疵点

进行食品触感检验，检查有无疵点存在。

4. 表面缺陷

检查有无表面缺陷。

5. 标志、唛头

检查标志、唛头。运输标志又称唛头，它通常是由一个简单的几何图形和一些字母、数字及简单的文字组成，其作用在于使货物在装卸、运输、保管过程中容易被有关人员识别，以防错发错运。主要内容包括收货人代号；发货人代号；目的港（地）名称；件数、批号。此外，有的运输标志还包括原产地、合同号、许可证号和体积与质量等内容。运输标志的内容繁简不一，由买卖双方根据商品特点和具体要求商定。

步骤4 是否符合样品或合同条件

对照样品或合同检查是否符合样品或合同条件。

步骤5 报告（出证）

经检查合格，可以报告（出证）。

步骤6 记录

按表格要求，填写数据，做好记录。

步骤7 复核

最后再进行复核。

二、注意事项

严格按照物品外包装要求进行储藏、存放。防止储藏不当，导致冷藏品变质。

学习单元2 包装机械与脱模设备的结构与工作原理

学习目标

➢ 了解包装机械的结构与工作原理。

➢ 了解脱模设备的结构与工作原理。

知识要求

一、包装机械的结构与工作原理

包装过程包括充填、裹包、封口等主要工序，以及与其相关的前后工序，如清洗、堆码和拆卸等。此外，包装还包括计量或在包装件上盖印等工序。

包装机械有多种分类方法。按功能可分为单功能包装机和多功能包装机，按使用目的可分为内包装机和外包装机，按包装品种又可分为专用包装机和通用包装机，按自动化水平分为半自动机和全自动机等。

一般采用的包装机械机种有：定量供料的定量计量机、填充机、装袋机、制袋填充机、容器成型填充机、封口机、贴标机、纸盒包装机、外包装机、真空包装机、瓦楞纸箱包装机等。

1. 封口机

封口机是将充填有包装物的容器进行封口的机械，其主要种类有：

(1) 无封口材料封口机

其包括热压式、冷压式、熔焊式、插合式、折叠式等封口机。

(2) 有封口材料封口机

其包括旋合式、滚纹式、卷边式、压合式等封口机。

(3) 有辅助封口材料封口机

其包括胶带式、黏接式、钉合式、结扎式、缝合式等封口机。结扎机是单个包装和内包装机械的一种，方法是拧紧袋口并用 U 形的金属件夹紧。主要适用于各种灌肠类塑料膜或复合薄膜筒装食品的端口。

封口机是进行这种作业的机械，是单个包装和内包装机械的一种。热封机就是利用外界的各种条件（如电加热、高频电压及超声波等）使塑料薄膜封口部位受热变为黏流状态，并借助一定压力，使两层薄膜熔合为一体，冷却后保持一定强度和密封性能，保证商品在包装、运输、储存和消费过程中能承受一定的外力，保证商品不开裂、泄漏、达到保护商品的目的。有以下若干种：

1) 把用电热器保持一定温度的加热板，直接或间接地紧贴在即将热封的位置上进行热封的板式热封机。

2) 用传动带夹住即将热封的部位，传动带移动中，使之间接地与安装在传动带里的加热体接触进行热封的带式热封机。

3）熔断封合法是用加热刀将薄膜加热到熔融状态后加压封合，同时将已封合的容器与其他材料部分切断分离，熔断封口占用包装材料少，但封口强度低。

4）把电阻较大的金属棒直接或间接地紧贴在即将热封的位置上，瞬时通电，靠电阻热进行热封的脉冲热封机。

5）向即将热封处吹热风加热，然后压贴热封的热风压封机。

6）向聚氯乙烯等在高频电流范围内发热较多的包装材料热封处通高频电流，通过介质加热进行热封的高频式热封机。

7）用20 ~40 kHz的振动频率冲击热封处，经过振荡头传递到待封薄膜上，使之振荡摩擦放热进行热封的超声波热封机。

影响热封机热封效果的因素：

①热封温度。其作用是使黏合膜层加热到一个比较理想的黏流状态。高聚物的黏流温度及分解温度是热封的下限和上限，这两个温度的差值大小是衡量材料热封难易的重要因素。

②热封压力。其作用是使已处于黏流状态的薄膜在封口界面间产生有效的高分子链段相互渗透、扩散现象，也使高分子间距离接近到可以产生分子间作用力的结果。热封压力过低，可能造成热封不牢；压力过高，可能使黏流态的部分有效链段被挤出，造成热封部位半切断状态，导致拉丝。

③热封时间。它是指薄膜停留在封刀下的时间，热封时间决定了热封温度、压力以及设备的生产效率。

2. 贴标机

贴标机是在包装袋上贴上注有商品名称、生产单位、生产日期的标识标签的作业机械，是单个包装和内包装机械的一种。贴标机的功能是对贴标对象物按要求圆满地完成粘贴标签的工作。由于贴标材质、形式和形状等方面的差别，贴标机械的类型、品种很多。贴标对象物上的标签要求不尽相同，有的只需贴一个身标，有的要求贴封口标签。此外，贴标机还需要适应不同生产率等。基于多种原因，满足不同条件下的贴标机也有很多种类型。贴标机按标签的种类可分为片式标签贴标机、卷筒状标签贴标机、热黏性标签贴标机和感压性贴标机及收缩筒形标签贴标机；按自动化程度可分为半自动贴标机和全自动贴标机；按容器的运行方向可分为立式贴标机和卧式贴标机；按贴标工艺特征可分为压捺式贴标机、滚压式贴标机、搓滚式贴标机、刷抚式贴标机；根据包装瓶形状可分为方瓶贴标机、圆瓶贴标机、扁型瓶贴标机和小型异形瓶贴标机等；根据标签贴的长度可分为单面贴标机、双面贴标机、三面贴标机和多面贴标机等。

(1) 直线式真空转鼓贴标机(见图2—1)

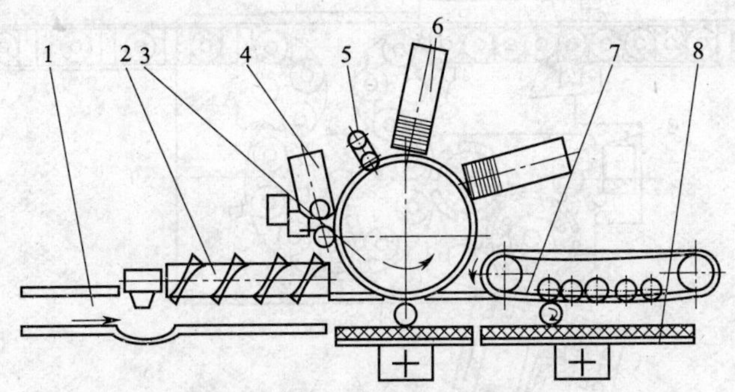

图2—1 直线式真空转鼓贴标机

1—板式输送链 2—供送螺杆 3—真空转鼓 4—涂胶装置 5—印码装置
6—标盒 7—搓滚输送带 8—海绵橡胶衬垫

真空转鼓3不断地绕自身垂直轴做逆时针旋转，并把标盒6中的标签取出送到贴标工位。转鼓圆柱面分隔为若干个贴标区段，每一段上有起取标作用的一组真空小孔，小孔直径为3~4 mm，其真空的“通”或“断”靠转鼓中的滑阀来控制。转鼓外有两个标盒，做摆动与移动的复合运动，整个过程以一定的速度重复着送进—吸标—急退回—再送进的循环动作，其运动规律保证真空转鼓3能从标盒6中取出标签。涂胶装置4由胶盒、上胶辊和涂胶辊等组成。贴标时胶盒绕其轴心摆动，当真空转鼓3带着标签经过涂胶装置4时，涂胶辊靠近转鼓3给标签涂胶，随后即摆离转鼓3，以免胶液涂到转鼓上，胶盒的这些动作是依靠弹簧和凸轮完成的。

直线式真空转鼓贴标机的工作过程是：容器由板式输送链1进入供送螺杆2，使容器按一定间隔送到真空转鼓3，同时触动“无瓶不取标”装置的触头，使标盒6向转鼓靠近；标盒支架上的滚轮触碰真空转鼓的滑阀，使正对标盒位置的真空气眼接通，从标盒6中吸出一张标签贴靠在转鼓表面；随后，标盒6离开转鼓准备再次供标。带有标签的转鼓经印码、涂胶等装置，在标签上打印批号、生产日期并涂上适量胶黏剂。随着转鼓的继续旋转，已涂胶黏剂的标签与螺杆送来的待贴标容器相遇，当标签前端与容器相切时，转鼓上的吸标真空小孔通过阀门逐个卸压，标签失去吸力，与真空转鼓3脱离而黏附在容器表面上。容器带着标签进入搓滚输送带7和海绵橡胶衬垫8构成的通道，标签被抚平、贴牢。至此，一个贴标动作全部完成。该机仅适用于圆柱体容器上粘贴一个身标。

(2) 回转式真空转鼓贴标机(见图2—2)

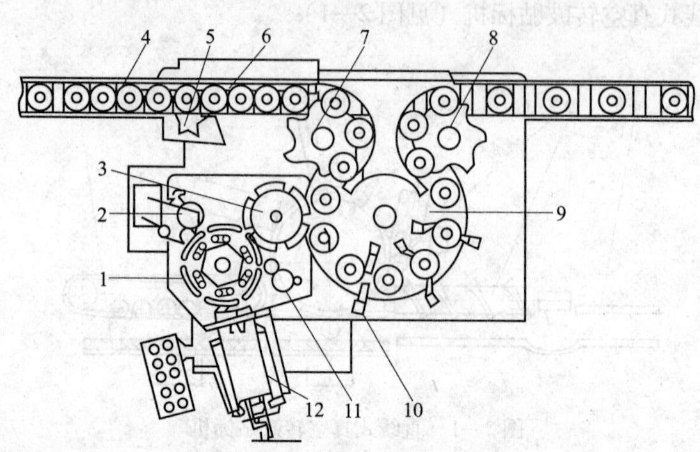

图2—2　回转式真空转鼓贴标机

1—取标转鼓　2—涂胶装置　3—真空转鼓　4—板式输送链　5—分割星轮　6—供送螺杆
7、8—星形拨轮　9—回转工作台　10—理标毛刷　11—打印装置　12—标盒

回转式真空转鼓贴标机适用于圆柱体容器的贴标。工作时容器先由板式输送链4送进，经供送螺杆6将容器分隔成要求的间距，再经星形拨轮7，将容器送到回转工作台9的所需工位，同时压瓶装置压住容器顶部，并随回转工作台一起转动。标签放在固定标盒12中，取标转鼓1上有若干个活动弧形取标板，取标转鼓1回转时，先经过涂胶装置2将取标板涂上胶黏剂，转鼓转到标盒12所在位置时，取标板在凸轮碰块作用下，从标盒12粘出一张标签进行传送。经打印装置11时，在标签上打印代码，在传送到与真空转鼓3接触时，真空转鼓3利用真空力吸过标签并做回转传送。当与回转工作台上的容器接触时，真空转鼓3失去真空吸力，标签粘贴到容器表面。随后理标毛刷10进行梳理，使标签舒展并贴牢，最后定位压瓶装置升起，容器由星形拨轮8送到板式输送链4上输出。

（3）立式圆瓶不干胶贴标机（见图2—3）

瓶子由理瓶机进入贴标机传输带后，经过分瓶轮后间隔适当的距离。当瓶子经过测物电眼时，电眼发出信号，信号经过处理后，在瓶子到达与标签位置相切时，步进电动机启动，同时打印机工作，在标签上打印日期。当标带经过剥离板时，由于标带上的标签较硬，它不易沿玻璃板急转弯，因此当标带的底纸急转弯时，标签由于惯性继续向前运动，与底纸分离，顺势与输送到位的瓶子粘贴，进入滚贴装置进行滚压，贴到容器瓶上。另外一个测物电眼检测到一个标签完全经过时，发出步进电动机停转信号，完成不干胶贴标机的一个贴标工作过程。

（4）压式贴标机（见图2—4）

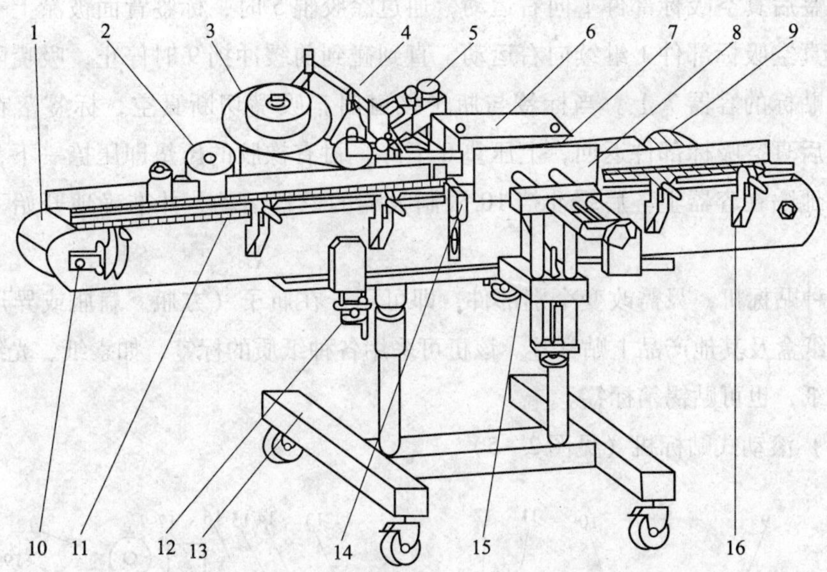

图 2—3　立式圆瓶不干胶贴标机

1—输送带　2—分瓶轮　3—放标盘　4—标带松紧调整板　5—打印机　6—滚贴座　7—滚贴带　8—滚贴板　9—输送带电动机　10—输送带松紧调整螺杆　11—护栏　12—标签高低调整架　13—支座　14—电眼　15—滚贴带高低调整架　16—护栏固定座

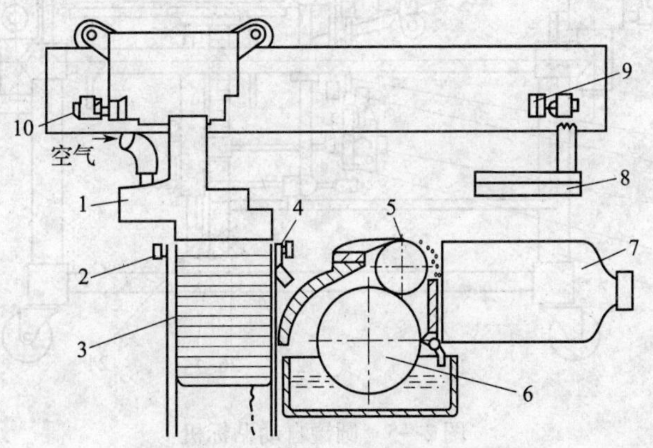

图 2—4　半自动压式贴标机

1—真空吸标部件　2—梳齿　3—标盒　4—吹风嘴　5—涂胶辊　6—胶木辊　7—待贴标瓶子　8—上压垫　9—前缓冲挡　10—后缓冲挡

如图 2—4 所示是一种半自动压式贴标机的示意图。该机需要人工上瓶、卸瓶。其中真空吸标部件 1 可沿导轨做往复运动，其上的吸嘴在某一确定位置接通真空，依靠真空吸力，吸嘴从标盒 3 吸取上面的一张标签。在标盒 3 上部装有吹风嘴 4 与梳齿 2，使标签处于松散状态，以保证真空吸嘴每次只吸取一张标签。

吸取标签后真空吸标部件1向右运动，通过涂胶辊5时，标签背面被涂上一层胶黏剂。真空吸标部件1继续向右运动，直到碰到前缓冲挡9时停止，吸嘴随之下降到待贴标的容器7上。当标签与瓶子接触时，吸嘴切断真空，标签落在容器上。然后真空吸标部件返回，上压垫8下降，衬有橡胶的压垫即压捺一下，使标签紧密地贴在容器上。后缓冲挡10限制吸嘴的返程运动，并准确地开始下一贴标循环。

这种贴标机，只需改变个别部件，即可用于在瓶子（方瓶、扁瓶或异形瓶）、纸箱、纸盒及其他产品上贴标签。该机可采用各种纸质的标签，如素纸、光纸或涂上漆的纸，也可贴锡箔标签。

（5）滚动式贴标机（见图2—5）

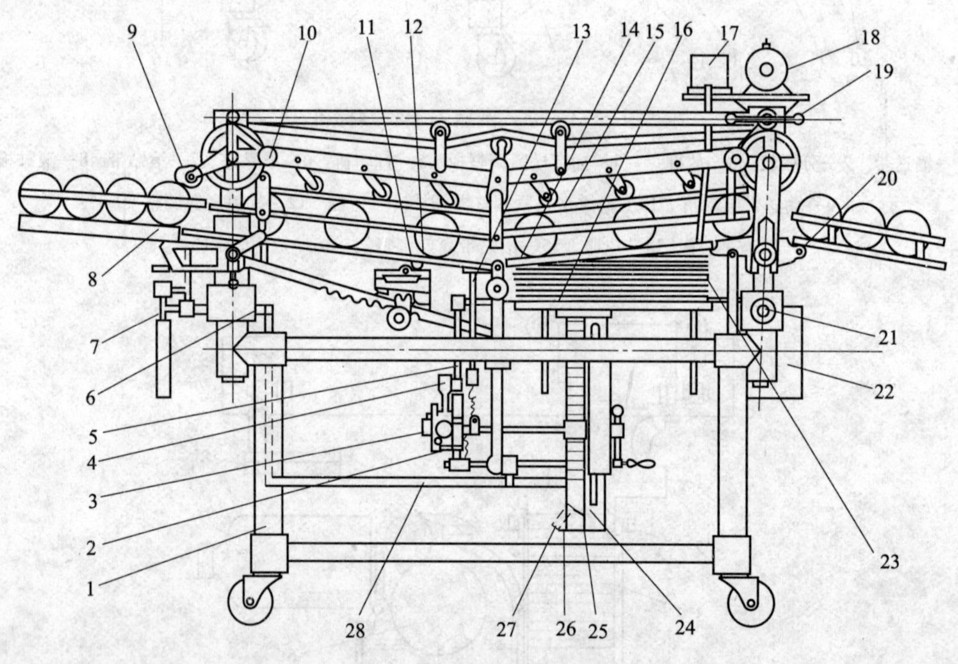

图2—5　圆罐自动贴标机

1—机架　2—棘轮　3—棘爪　4—摆杆　5—曲柄连杆机构　6、13、28—连杆　7—挡罐杆　8—进罐斜板　9—间隔器　10—手轮　11—小牙轮　12—胶盒　14—控制块　15—输送带　16—标签托架　17—储胶桶　18—电动机　19—手柄　20—出罐斜板　21—启动按钮　22—电气箱　23—含胶压条　24—导杆　25—齿条　26—齿轮　27—斜块

通常是利用涂胶装置在容器表面某些部位涂上胶黏剂，通过容器在运输或转位过程中的自转，将标签紧裹在其表面上，然后通过毛刷或搓滚传送带将标签压紧压实。这类贴标机适用于圆形食品罐头的贴标，是针对圆形罐头可以滚动的特点进行

设计的。

（6）热压和热敏黏合贴标机（见图 2—6）

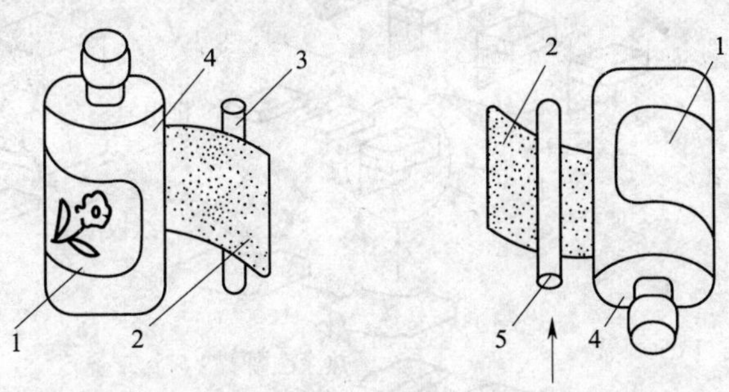

图 2—6　热压与热敏黏合贴标机

1—标签　2—胶黏剂　3—加热板　4—容器　5—热水喷管

热压和热敏粘合贴标机所用的标签背面涂有一种胶黏剂，它只在加热的条件下才起粘合作用。如图 2—6 所示，左图所示为采用加热板加热标签，使胶黏剂变黏，随即贴到容器上的形式，右图所示为采用热水加热胶黏剂的形式。

现在开发的有自动贴标机。自动贴标机的机器构成包括：

1）放卷轮。为被动轮，用于安放卷筒标签。通常装有可调节摩擦力的摩擦制动装置，目的是控制卷筒速度及张紧力，保持平稳输纸。

2）缓冲轮。其同弹簧相连，可往复摆动。目的是当装置启动时能吸收卷筒材料的张紧力，保持材料同各辊接触，防止材料断裂。

3）导向辊。由上下两个组成，起卷筒材料的导向和定位作用。

4）驱动辊。由一组主动的摩擦轮组成。通常一个为橡胶辊，一个为金属辊，底纸在其间通过。作用是驱动卷筒材料，实现正常贴标。

5）收卷轮。为带摩擦传动装置的主动轮，作用是复卷贴标后的底纸。收卷轮的转动收纸同驱动轮的办理纸互不干扰，同步传动由摩擦装置调节。

6）剥离板。剥离板一端有一角度（一般小于 30°），目的是使底纸在经过剥离板改变方向时，标签便于出标、脱离底纸，实现同贴标物体接触。

7）贴标辊。将脱离底纸的标签均匀、平整地贴敷在待贴物品上。

3．纸盒包装机

纸盒包装机是在纸板制的纸盒内装入一个或多个物品的作业机械，是单个包装和内包装机械的一种。有事先贴成桶状再压扁待包装的装配式和用纸板制的散片用机器现折式两种。

散片现折式纸盒包装机如图 2—7 所示。

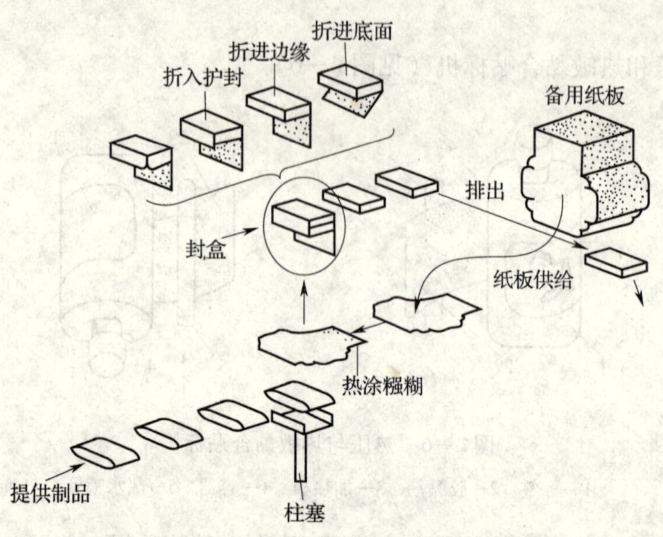

图2—7 散片现折式纸盒包装机

4. 外包装机

外包装作业一般包括准备工作、将装有食品的容器进行装箱、封面、捆扎4道工序。

5. 折叠包装机

折叠包装机是外包装机的一种，它是把一个或多个物品放在软包装材料上，折起端部的机械。主要适用于饼干、威化饼、山楂片、压缩饼干、沙琪玛、口香糖、盒装蚊香、各种纸盒等物品的外层透明膜的折叠包装。

6. 枕式包装机（见图2—8）

（1）枕式横封包装机

枕式横封包装机是外包装机的一种，它把沿水平方向送来的一个或多个固体物品用软包装材料包成筒状，密封后切成规定大小，特别适合于小批量单一产品的包装。

（2）象鼻成型制袋式袋装机

如图2—9中所示是立式、连续运动制袋式袋装机，可完成纵缝对接封合、装填封口及切断工作。全机除计量装置外，还由象鼻成型器、匀速回转的辊式横封器和回转切刀等组成。单张卷筒薄膜经多道导辊和光电管引入象鼻成型器，将薄膜卷折成圆筒状，被连续回转的纵封辊加热加压热封定型，包装料袋自上而下的连续移动，就是纵封辊连续回转牵引薄膜的结果。横封器不等速回转，分别将上、下两袋的袋口和袋底封合，纵封器的转轴轴线与横封器回转轴线成空间垂直，因而获得枕式袋，被包装物料经计量装置计量后由导料槽落入袋内，封好口的连续袋由下面回转切刀与固定切刀接角时切断分开。

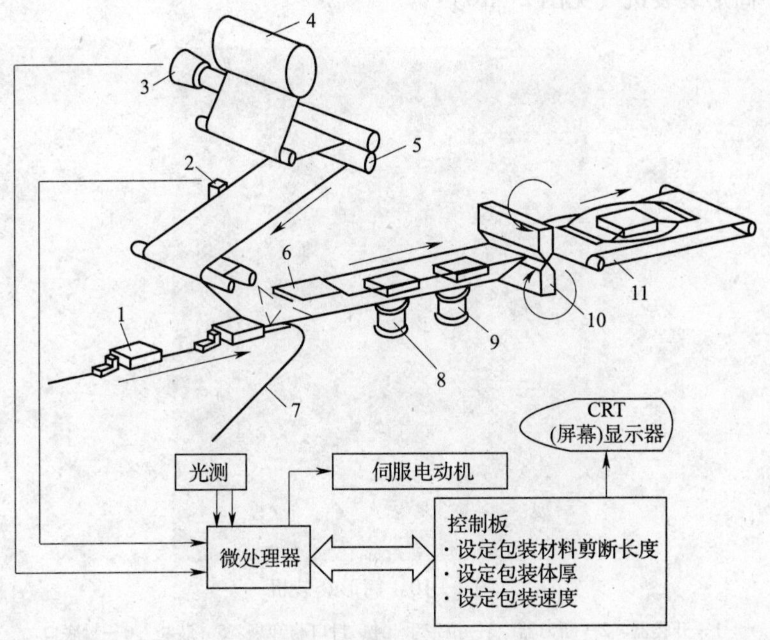

图 2—8　枕式横封包装机

1—被包装物　2—商标检查　3—编码器　4—卷筒薄膜（包装材料）　5—拉料辊　6—制袋器　7—供给链　8—送料辊　9—中间热封辊　10—剪断或切痕　11—排出传动带

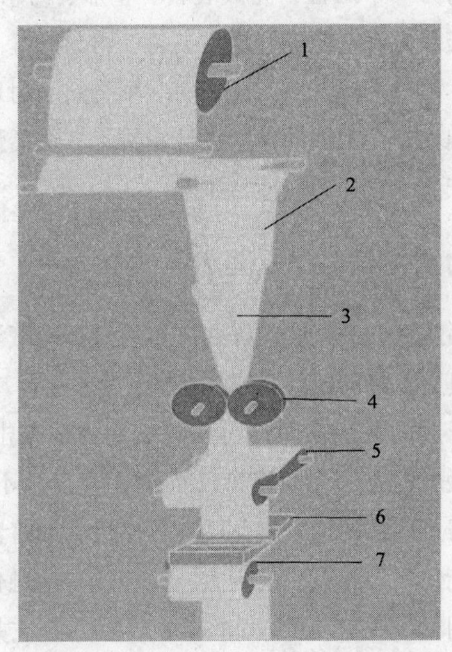

图 2—9　象鼻成型制袋式袋装机

1—卷筒薄膜　2—象鼻成型器　3—加料斗　4—纵封辊　5—横封辊　6—固定切刀　7—回转切刀

（3）筒形袋装机（见图 2—10）

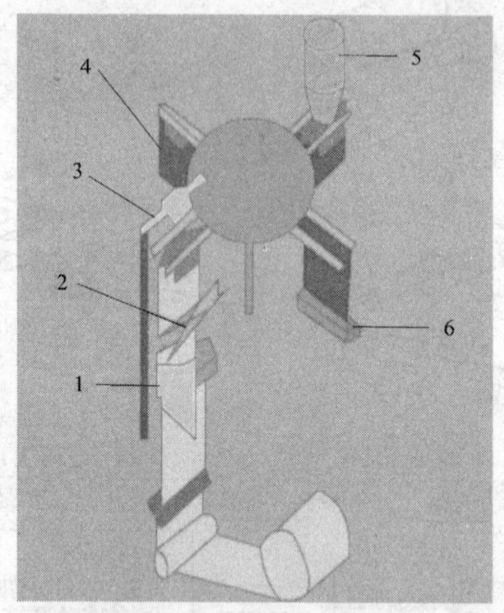

图 2—10　筒形袋装机

1—开袋器　2—断刀器　3—拉带手　4—封口与卸袋　5—装袋　6—封底口

筒形袋装机是一种间歇式转盘形包装机，这类包装机采用筒状卷料薄膜作包装材料，每次先封底缝，然后再切下作为包装袋，并由间歇回转工序盘上的夹持手将包装袋从一个工位移向另一个工位，完成装料、整形、封口等工序。图 2—9 是带有筒状薄膜开袋器的袋装机，它能先开袋后夹持，再封底缝。图 2—10 所示机型往往是先封底缝、切断，再被夹持，然后开袋、装填物料、封口等，这种机型与立式或卧式直线型袋装机相比，在工位动作的设计安排上，灵活性较大，对一些难装或多种物品混装的袋装产品，它的适应性特别强。

二、脱模设备的结构与工作原理

冻结完成后的食品应立即进行脱盘操作，然后进行冷藏。食品脱盘的操作应在阴凉的场所进行，并具有良好的给、排水条件。

脱盘过去常采用干脱的方法，即将盘反转后用力地敲击，这种方法极易敲坏盘。现大多采用浸水融脱的方法，即将盘（面向上，盘内不浸水）浮过一个具有常温的水槽，使食品与盘冻粘的地方融化脱离，然后立即将盘反转，倒出食品。盘在水槽内的时间以刚能使食品和盘脱离为宜，以免过多地融化食品，影响质量。

目前不少冷库采用机械脱盘装置，如图 2—11 所示。它是一个可以移动的翻盘机械，可将经过水槽后有些融化的盘推到脱盘机的台板上，由翻板旋转动作将盘翻到滑板上，使食品和盘分离。

1230
800
182
168
122
175
155
1186
L20×20×3
ϕ200传动带轮内径35配1.7kW电动机
12mm翻板
L50×50×53厚板
L40×40×3
ϕ10
主轴
栏条—40×4
10mm
788
95
115
115
95
3
789
868
130
1100
236
40
1630
40
2130
QG—07
310
260
20
93°
200
150
限位板
25°
570
翻板

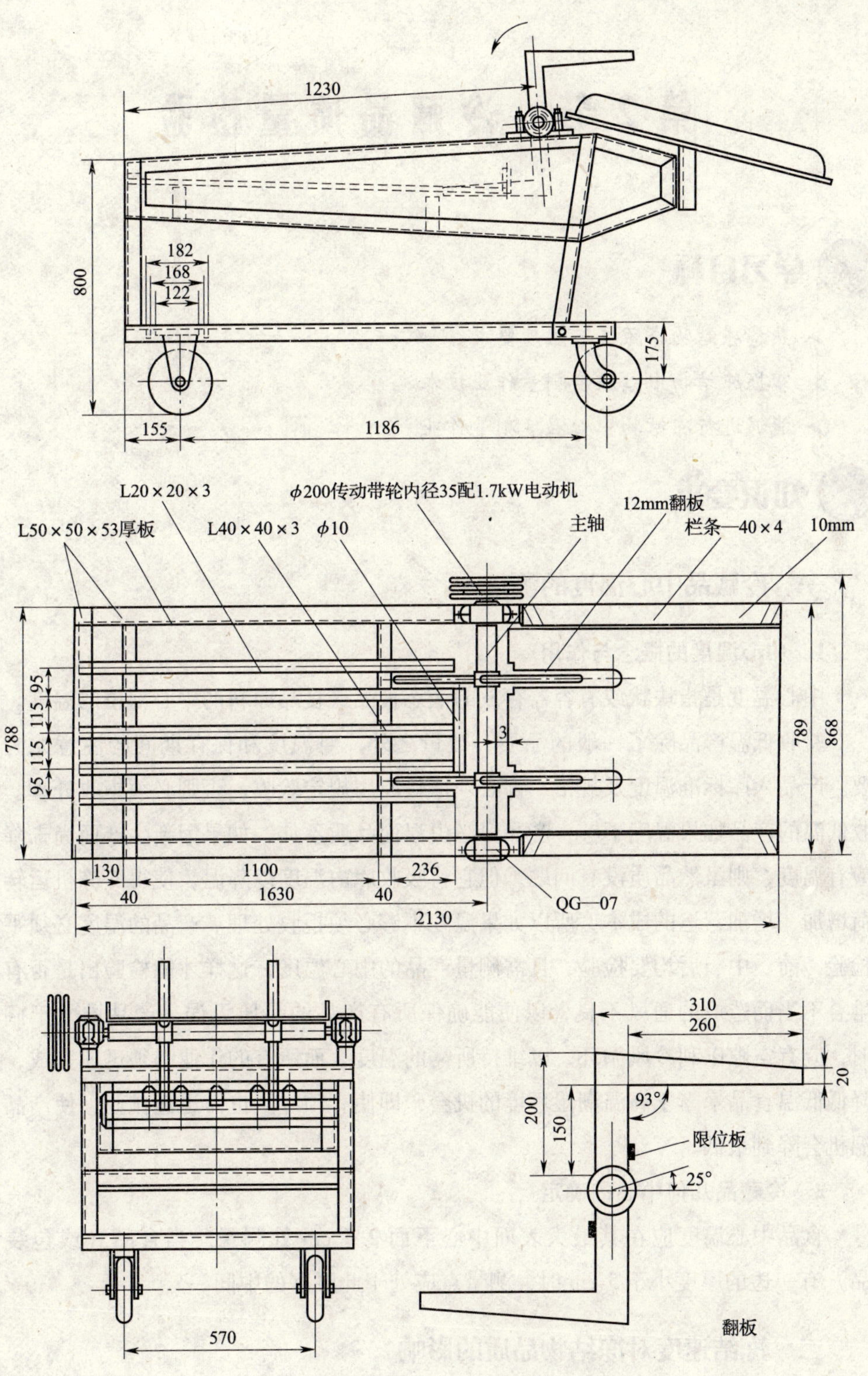

图 2—11　机械脱盘装置

第2节 冷藏品质量检验

学习目标

➢ 熟悉冻结物冷藏工艺温度要求。

➢ 掌握冻结物中心温度测量作业技术。

➢ 能够进行冻结物中心温度测量作业。

知识要求

一、冷藏品中心温度的测量

1. 中心温度的概念与作用

中心温度是指块状或有容器存放的液态食品或食品原料的中心部位的温度。

验收低温产品除了一般的品质、数量之外，对温度和保存期间的注意尤为重要。产品入库标准温度及规格，都必须依赖原厂规定验收，否则必须拒收处理。验收低温的产品如果温度不够，产品势必失温而品质不佳，如果因新生产而尚未降至应有温度，则虽然品质没有问题，但它将吸收库内温度以降温，使得冷冻机运转负荷增加，增加营运的成本，所以如果温度不够必须拒收处理。产品的温度必须平均检验，前、中、后均要检验，且需测量产品的中心温度，这样才能检验出是否有因堆叠不当而造成的通风不良，以便能确保所有产品的品质无误。产品堆叠于搁板时，应有空隙以利冷风循环，以维持所需的温度，而所有的作业必须迅速完成，以降低低温食品暴露于高温潮湿环境的机会，即使有预冷区也需迅速作业，使产品失温机会降到最低。

2. 冷藏品几何中心的确定

食品中心温度应在其最大表面中心下面2.5 cm处测量。当食品（或包装食品）有一边的厚度小于5 cm时，测量点应处于此厚度的中间。

二、冻结速度对冻结物品质的影响

食品表面至热中心的最短距离，与食品表面温度达到0℃后食品热中心点的温度降至比冻结点低10℃所需要的时间之比，称为该食品的冻结速度 v（cm/h）。

食品冷冻是采用降低温度的方式对食品进行加工保藏的过程。根据降低温度的程度，将温度在0～8℃的加工称为冷却或冷藏，而温度在－1℃以下的加工称为冻结或冻藏。食品中心温度在20 min内通过冰结晶最大生成带从－1℃降到－4℃称为快速冷冻。慢速冻结就是食品放在绝热的低温室中（－40～－18℃，常用－29～－23℃），并在静态的空气中进行冻结的方法。

一般来说，速冻食品质量总是高于缓冻食品。这是因为慢速冻结时，冰晶首先在细胞外的间隙中产生，而此时细胞内的水分仍然以液相形式存在，由于同一温度下水的蒸气压大于冰的蒸气压，在蒸气压差的作用下，细胞内的水分透过细胞膜向细胞外的冰结晶移动，使得大部分水冻结于细胞间隙内，形成大冰晶，并且数量少，分布不均匀。由于水结冰体积增大9%左右，大冰晶对细胞膜产生的胀力更大，使细胞破裂，组织结构受到损伤，解冻时大量汁液流出，致使食品品质明显下降。而快速冻结时，细胞内外同时产生冰晶，晶核形成数量多，冰晶细小而且分布均匀，组织结构无明显损伤，解冻时汁液流失少，解冻品的复原性好。

为了保证食品的质量，应该尽可能快地通过－4～－1℃这个最高冰晶形成温度带，这对于蔬菜来说特别重要，因为它们在缓冻时将会受到严重的伤害。动物组织的韧性和弹性都比植物细胞要好，肉类及肉制品对冻结的敏感性没有果蔬那么强烈。这并不是说速冻肉制品质量没有缓冻好，只是从细胞受损的观点来看，肉类冻结时，速冻并不像果蔬冻结时那样重要。但是家禽缓冻时它的外观变得暗黑，降低了它的商品性，单从这方面来说就应该选择速冻的方法进行冻结。在所有情况下，速冻还能缩短加工时间，从而减轻了细菌性的变质，特别是鱼类常有迅速腐败的趋势，因此加工鱼类时特别值得这样做。

三、冻结物入库温度的要求

空库时，冻结间和冻结物冷藏间应保持在－5℃以下，防止冻融循环。冷却物冷藏间应保持在零点温度以下，避免库内滴水受潮。

为保证商品质量，冻结、冷藏商品时，必须遵守冷加工工艺要求。商品深层温度必须降低到不高于冷藏间温度3℃时才能转库，如冻结物冷藏间库温为－18℃，则商品冻结后的深层温度必须达到－15℃以下。长途运输的冷冻商品，在装车、船时的温度不得高于－15℃。外地调入的冻结商品，温度高于－8℃时，必须复冻到要求温度后，才能转入冻结物冷藏间。根据商品特性，严格掌握库房温度、湿度。在正常情况下，冻结物冷藏间一昼夜温度升降幅度不得超过1℃，冷却物冷藏间不得超过0.5℃。在货物进出库过程中，冻结物冷藏间温升不得超过4℃，冷却物冷藏间不得超过3℃。

根据设计规范，冷藏库有一定的温度恒定范围，一般是±2℃。据此规定了一系列设计参数，也同时确定了相关操作规程。其中对转运入库的冻结物要求一般是表面温度不高于-10℃。所以是否进行再冻结要由转运过程中冻结物回温的程度而定。顾名思义，再冻结就是先行送入速冻间进行再次速冻，然后再进入冷藏间。这样既可以维持转运货物的品质，又不会因为进库温度过高、批量过大而引起库温的较大波动。

除了一般小型周转冷库，如几吨到几十吨的组合库、简易库以外，在设计时配置一定的速冻能力是有百利而无一害的。当有了一定的规模，如300~500吨的冷库，根本没有必要按照所有冷藏容积配置制冷设备，只要满足最大单体容积库房所需制冷量即可。即便如此，冷机也不会24 h全负荷运转，常见的情况都是间歇运行，如果是热惰性指标大于6的土建库，昼夜运行时间更是只有几小时，此时配置一定的速冻能力根本不需要增加制冷设备。

四、测定各种冷藏品中心温度的目的

选择一些代表性的测量部位，用相应的仪表测其准确的温度，来掌握本批产品的平均温度，以及其内部温度变化的情况。指导食品冷却工艺的进行，对食品要求的冷却温度进行监督，以满足食品质量的要求。

五、冷藏品表面和中心温度的测量原理

测量食品外表面的温度时，测量仪器的传感元件应保证与产品有良好的热接触，测量值的精度应不受环境温度的影响。待温度稳定后，记录被测冷却物的温度值。

测量食品中心温度时，应用经过预冷的探针插入最大表面中心下面2.5 cm处测量，当厚度小于5 cm时，测量点应在此厚度的中间位置。预冷的探针或传感元件应在“预冷包裹”中心停留3 min，然后迅速插入要测试的冷却物内，待温度稳定后，记录测得的温度值。

六、温度测量仪器的要求

（1）仪器的“半值期”（指温度计从初始温度转变到最终温度一半时所需的时间）应不超过0.5 min。

（2）仪器在 -30～30℃范围内的测量精度要求在 ±0.5℃以内。

（3）仪器对 0.5℃的变化有反应。

（4）测量值的精确度应不受环境温度的影响。

（5）仪器的刻度标记应小于1℃，并能读出 0.5℃。

（6）测量仪器的传感元件结构应保证与产品有良好的热接触。

（7）电气部分应防潮。

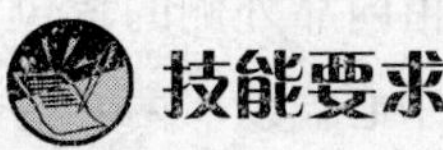

技能要求

技能 1　冷藏品中心温度的测量

步骤 1　确定位置

食品中心温度应在其最大表面中心下面 2.5 cm 处测量。当食品（或包装食品）有一边的厚度小于 5 cm 时，测量点应处于此厚度的中间。

步骤 2　打洞

所测物品（或包装）用经过预冷的探针或钻打孔，孔洞深度最少要有 2.5 cm，孔径大小应以能插入探针为宜。

步骤 3　预冷

任选预冷包裹，用来预冷探针、手钻和传感元件，严禁把热的探针、手钻或传感元件插到要测试的产品中。应把传感元件插在预冷包裹的中心，并停留 3 min，在准备放入要测试的产品之前，不得把传感元件从包裹里拔出。若产品与包裹有良好的接触，则可把传感元件放在产品与包裹之间进行预冷。

步骤 4　测量中心温度

传感元件应从包裹中拔出后立即插入要测试的产品内，而且插到被测产品的中心；待温度稳定后，记录温度值；测完产品温度后的传感元件应放回包裹中，以备再用。

技能 2　冷藏品表面温度的测量

步骤 1　用预冷包裹预冷传感元件。

步骤 2　对于大箱内的产品，用刀割开箱子的一边，把传感元件插到箱内第一、第二层产品之间，使其与传感元件有良好的接触。

步骤 3　在测量箱内上边产品的表面温度时，要保证传感元件与产品表面有良好的接触。

步骤 4　待温度稳定后，记录测得的温度值。

步骤5 检查多箱产品时，要待下一个被测试箱子准备好后，方能拔出传感元件，并立即插入下一个箱子内。

技能3 食品取样温度的测量

步骤1 参考物品过去的检查记录，考虑被取样品测试所取得的结果是否具有代表性。

步骤2 在冷库内若货箱紧密堆在一起，应测量最外边的货箱内靠外侧的货包和本批货物中心货箱的内部温度。它们分别为本批产品的外部和中心温度。两者的温差为本批货物的温度梯度，要进行多次测量，记录本批货物温度的可靠数据。

步骤3 在冷藏车或冷藏集装箱内测温。

（1）运输中要测量靠近所有门洞边上产品的上部和下部的温度。

（2）卸货时要测量靠近所有门洞边上产品的上部和下部温度、后角处产品的上部（尽可能离冷却设备最远处）温度、货堆的中心温度和货堆上部表面的边角（尽可能离冷却设备最远处）温度。其他要进行测量温度的点由检查负责人决定。

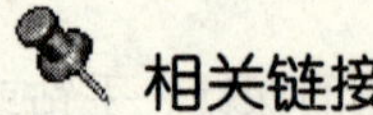

相关链接

各种冻结物的温度和冻结时间

一、肉类冻结温度与冻结时间

以猪白条肉为例，直接冻结肉品温度和冻结时间的关系如图2—12所示。图中粗曲线1为肉中心（猪大腿中心）温度曲线，点画线2为肉表层温度曲线。

二、禽类冻结温度与冻结时间

冻结间温度一般为-25℃或更低些，相对湿度为85%~90%，空气流速为2~3 m/s。在相同条件下，冻结时间与禽的种类及采用方法有关：一般鸡比鸭、鹅快些，在铁盘内比在木箱内或纸箱中快些。

过去禽类冻结工艺落后，当禽体中心温度达到-15℃时，需18~30 h。采用悬架或小车连续输送式冻结装置，在-28℃冻结间内，从不同角度吹

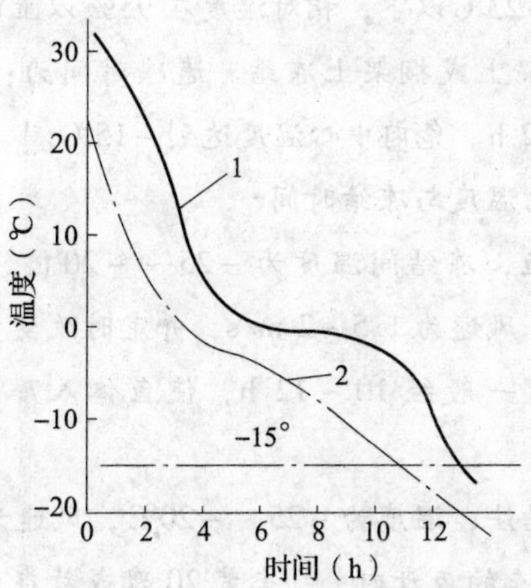

图 2—12　一次冻结过程曲线

1—肉中心温度曲线　2—肉表层温度曲线

风 4 h 左右就可冻结，使禽体中心温度达到 -16℃。现在冻禽在空气温度 -40 ~ -35℃和风速 3 ~6 m/s 情况下进行，冻结时间的长短随禽体大小和包装材料不同而异。如图 2—13 所示为冻结时间与禽体质量的关系。冻结间的条件是：空气温度 -38℃，风速为 4 ~6 m/s。禽初温为 7℃左右，最后禽体中心温度为 -20℃；在纸板箱内装 12 只用聚乙烯袋装的家禽，纸包禽杂塞在膛内。包装在全密闭的、无气孔的纸箱中，冻结时间比单个包装冻结时间长 10 倍，纸板箱堆放时不留缝甚至可达 20 倍。

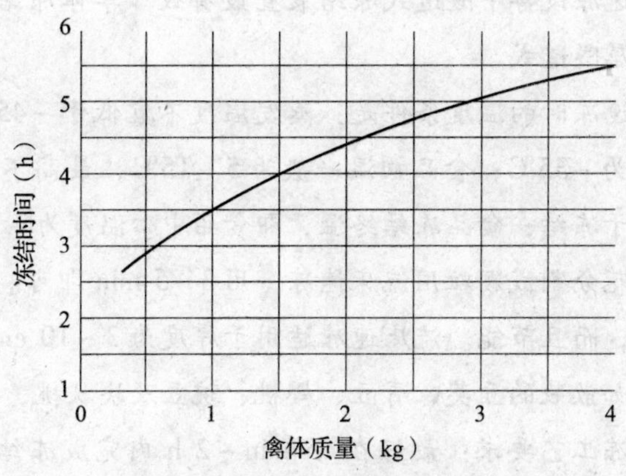

图 2—13　吹风冻结器中去除内脏禽体的冻结时间

兔肉应在温度 -23℃以下，相对湿度在95%以上的冻结间内，放入纸箱内并排列在铁货架上或搁架上冻结。速冻时间为：出口冻兔不得超过48 h，一般不超过72 h。兔肉中心温度达到 -15℃。

三、鱼类的冻结温度与冻结时间

采用搁架式冻鱼，冻结间温度为 -25 ~ -20℃，相对湿度为90% ~ 95%，用风机吹风，风速为1.5 ~2 m/s，并定时改变空气流动的方向，每盘鱼重20 ~40 kg。一般经10 ~12 h，使鱼体入库温度由3 ~4℃降为 -15℃左右。

用强烈吹风冻结法，温度为 -25 ~ -20℃，风速为3 ~5 m/s，每块鱼重15 kg，放在冻鱼车的鱼盘内，每车装20盘或放在吊轨鱼笼架上，鱼车双列布置。经8 ~11 h，鱼体温度从3 ~4℃达到终温 -18 ~ -15℃。

若用平板冻结器冻结盘鱼，每盘鱼重10 ~12 kg，鱼货厚60 ~80 mm，氨的蒸发温度为 -30℃时，经2 ~4 h可以将鱼冻好。

四、鲜蛋的冻结温度与冻结时间

鲜蛋可以加工成冰蛋，便于搬运，节省容积，损耗量小。但人们还是喜欢食用鲜蛋。蛋液预冷到 -4 ~0℃后，装听（方形马口铁桶）或灌入塑料袋中。蛋液在库温 -23℃强力吹风下使冰蛋中心温度降至 -15℃以下时，视容器大小和形状一般需要20 ~60 h。

五、果蔬冻结温度与冻结时间

常用果蔬速冻设备中隧道式冻结装置最有效。单体冻结的流床式冻结装置实际上也属隧道式。

通常果蔬速冻时的温度条件是：蒸发温度不宜低于 -45℃；冻结（空气）温度一般为 -35℃；食品初温一般为5 ~15℃，最高不高于15℃，初温越低越有利于冻结；食品冻结终温，即食品中心温度为 -18℃。

如果把菜花分割成颗粒用流床速冻，用3 ~5 min即可。流床速冻不仅提高速冻质量，而且节能。流床速冻适用于厚度为3 ~10 cm，而且要求是颗粒性果蔬，如散装的豆荚、青豆、樱桃、豌豆及块状桃、杏等。

果蔬的速冻工艺要求：最好在45 min ~2 h内完成冻结，而且要求品温接近于它的冷藏温度。

思 考 题

1. 进、出库冷藏品外包装检验主要包括哪些步骤?
2. 常用的包装机械有哪些，各自的结构与工作原理是什么?
3. 冷冻产品机械脱盘装置的结构和工作原理是什么?
4. 如何进行冻结物中心温度的测量?
5. 肉类冻结温度与冻结时间分别是多少?
6. 禽类冻结温度与冻结时间分别是多少?
7. 鱼类的冻结温度与冻结时间分别是多少?
8. 鲜蛋的冻结温度与冻结时间分别是多少?
9. 果蔬冻结温度与冻结时间分别是多少?

第3章

冷　　藏

第1节　堆码和库容计算

学习目标

- 掌握冷藏品堆码作业规程。
- 能够组织冷藏品堆码作业。

知识要求

正确组织储藏品在冷库中的堆码是冷库管理中最重要的环节之一，堆码组织的好坏会直接影响库内温度的稳定、冷库的利用率、储藏品的质量等。

一、储藏品正确堆码的组织原则

（1）库内储藏品应用包装来盛装和保护。储藏食品不允许放在地上或紧贴库墙和库柱，必须把储藏品放在码架或垫板上，以保证食品通风、均匀降温、防潮和防止污染。

（2）根据储藏品的特点和包装形式来确定堆码的方法。如方格堆码、棋盘堆码、双品堆码、重叠堆码等。确定堆码方式后，应在库中画线。

（3）储藏品堆码方式确定后，必须遵守库内货垛距建筑物、设备距离的有关规定，以保证方便货物盘点、检查及进、出库。合理的间距还能防止运输工具和商品碰撞冷库门、电梯门、墙壁、库柱、冷却排管和制冷系统的管道、阀门等建筑物和设备，确保安全生产。

（4）垛位要稳固，尤其对无规则包装的货品，防止码垛后的倒塌。对箱装或框装的货品，层数多时应在中间垫一层码层，分担货品的承压，同时还可以起到通风的作用。

（5）堆码时应顺着冷空气循环的方向，距风机应远些，以免货品冻坏。垛高不得超过冷风机出风口的高度，同时冷风机吸入口要留有通道，不得堵塞。

（6）储藏品堆码时，还要考虑地面和楼板的承载能力，一般使用载荷的标准为2 000 kg/m²，同时要考虑提高单位容积的装载量。

（7）对储藏品应登记出货品名，进、出日期，数量等，以便准确掌握库存量、先进先出和货品的调拨。

现代堆码操作技术已远远超越了单纯减轻体力劳动这一传统概念，必须根据需要，及时、准确、有规律、有节奏地将物品堆码在指定位置上。在生产过程中如何科学地储存货物从而降低成本、缩短流动时间是仓库管理人员应该面对的问题。为满足市场快速响应的需求，企业供应产品必须高效率、自动化。因此，标准的堆码工作流程、高效的堆码设备已成为必不可少的环节。本节介绍了堆码的方式以及技术要求。

二、堆码方式

堆码方式可分为人工堆码和机械堆码两种方式。

1．人工堆码

人工堆码式操作方式目前还在被广泛采用，是机械操作的必要补充，另外也与各种运输物资的多样化、不规范性等因素有关。但人工堆码方式工作效率低下，操作人员素质参差不齐，使货物破损率加大，需要规范操作制度和程序。

2．机械堆码

机械堆码是使用堆码机操作。堆码机又名码垛机，可以节省人力、物力和堆码时间。堆码机可与堆码升降台和输料链传送系统联合使用，实现高质量堆码，堆码过程还可以延续到输送车。堆码机包括桥式堆码机、无轨堆码机和有轨堆码机，是大型仓库必备的机械设备。

（1）桥式堆码机

桥式堆码机出现较早，其构造是桥式起重机的起重小车上悬挂一个门架或立柱，利用货叉在立柱上做上下运动及立柱的旋转运动来搬运货物。桥式堆码机适合堆垛重、长物料，可以搬运长达 20 m、重 20 t 的货物。但桥式堆码机存在以下缺点：自重大，必须用比较坚固的建筑结构支撑；在仓库顶部与货架之间要有很大的空间；堆码机的通道宽度大，作业范围受大梁宽度限制。

（2）无轨堆码机

无轨堆码机采用轮胎前进，货叉做水平和垂直位移。由于轮压不同会产生不同的变形量，门架伸出时门架间隙变化，使得无轨堆码机的货叉在垂直和水平方向上的定位精度不如有轨堆码机。

（3）有轨堆码机

有轨堆码机由钢轨、带钢轮的立柱、货叉组成，带钢轮的立柱在钢轨上运行，货叉在立柱上上下运动。这种堆码机可以在地面导轨上行走，利用上部的导轨防止摆动或倾倒。在地面导轨上行走的有轨堆码机叫地面支撑式堆码机。这种堆码机金属结构的立柱主要考虑轨道平面内的弯曲强度，因此，需要加大立柱在行走方向截面的惯性矩。由于地面支撑式堆码机的驱动装置均装在下横梁上，容易保养维修，用于自动控制的传感器等也可安装在地面上，使用方便。在上部导轨上行走的有轨堆码机叫悬挂式堆码机。这种堆码机的金属结构门架可不考虑横向的弯曲强度，钢结构自重可以减轻，加、减速时的惯性和摆动小，稳定静止所需的时间短。其缺点是运行、升降等驱动机构安装在堆码机的上部，保养、检查与修理必须在高空作业，既不方便也不安全，而且仓库的屋顶或货架要承担堆码机的全部移动荷重，增加了屋顶结构和货架的质量。堆码机整机结构高而窄，堆码机的宽度一般只与所搬运的单元货物的宽度有关。

三、影响堆码作业的因素

在运输包装后、搬运前的短暂堆码阶段和运输过程中的堆码阶段主要有3个因素造成损失：堆码高度、堆积时间、外包装的实际承载能力。为确保货物及其外包装不受损坏，当外包装的实际承载能力一定时，堆码高度越高，堆码时间应越短。因此，选定外包装后，由于其实际承载能力一定，堆码过高或时间过长，都会使外包装受损，甚至使货物受损。

1. 堆码面积、高度

物料经过验收入库手续，根据仓库储存规划确定货位后，即应进行堆码存放。通过合理的堆码，既保护了物料，又节约了库容。按材质、规格、品种分类堆码，摆放整齐，标识明显，规范美观。物料堆码前，必须做好堆码的各项准备工作，然后才能进行堆码。需要做的主要有：按进货的数量、体积、质量和形状，计算货垛的占地面积、垛高。

计划占地面积 =（总件数/可堆层数）×每件底面积（平方米）

可堆层数 = 单位面积最高负荷量/单位面积质量（层）

单位面积质量 = 每件商品毛质量/该件商品的底面积（千克）

在计算占地面积，确定垛高时，必须注意上层商品的质量不超过底层商品或其容器可负担的压力。整个货垛的压力不能超过地坪的容许载荷量。

2. 堆积方式

堆码有垂直堆码和交叉堆码。交叉堆码的纸箱抗压强度会降低 50%，但是稳固性比较好，不易散翻。垂直堆码的抗压强度表现最好，但是当轴线不整齐时会降低抗压强度；即使 0.5 in 的错位，也会降低抗压强度 30%。

3. 外包装的实际承载能力

外包装有“堆码极限”，就是货物堆放的高度极限，是根据货物的重量规定的，比如堆码极限标明 8 或 9，就表明它的堆放高度不能超过 8 或 9 层，是货物堆放时的一个高度指标。如果外包装是纸箱，包装商品堆码在最底层的纸箱受到上部纸箱的压力，为了不至于压塌，必须具有合适的抗压强度，纸箱的耐压强度通过下列公式计算：

$$P = KW\ (n-1)$$

式中　P——纸箱耐压强度，N；

W——纸箱装货后重量，N；

n——堆码层数；

K——堆码安全系数。

堆码层数 n 根据堆码高度 H 与单个纸箱高度 h 求出，$n = H/h$。

堆码安全系数根据货物堆码的层数来确定，国标规定：

储存期小于 30 天取 $K = 1.6$。

储存期 30 ~ 100 天取 $K = 1.65$。

储存期大于 100 天取 $K = 2.0$。

4. 产品要求

对不同品类、规格、型号、形状、牌号、等级和批次的货物，必须分开堆码，不能混合、间杂堆码。对于不同货物应根据其性能、包装和结构特点，选用适合货物特点的垛形，占用面积、垛间、墙距、走道宽度要合理。码垛时位置的安排要分清入库的先后次序，以便贯彻“先进先出”的原则。

图标范例如图 3—1 所示。

图 3—1　图标范例

四、冷藏品堆码要求

入库时应合理堆码，如果堆码形式不合理、不科学，商品在储藏期间散发的热量不能及时冷却，冷热空气不能有效地在货堆内外进行交换和流通，也会造成区域空间的温差，从而直接影响商品的储藏效果。

1. 间距要求

库内货位堆垛要求：

距冻结物冷藏间顶棚≥0. 2 m。

距冷却物冷藏间顶棚≥0. 3 m。

距顶排管下侧≥0. 3 m。

距顶排管横侧≥0. 2 m。

距无排管的墙≥0. 2 m。

距墙排管外侧≥0. 4 m。

距冷风机周围≥1. 5 m。

距风道底面≥0. 2 m。

货物间≥0. 2 m 间距。

2. 先进先出

要保障冷藏货物先进先出原则，从而要求：

（1）已陈列商品向前向左挪动，并检视之。

（2）新补货品由内而外，由左而右陈列。

3. 避免损伤

搬运过程要避免货物发生碰撞，以免货物受损。另外商品进出库及库内操作，要防止运输工具和商品碰撞库门、电梯门、柱子、墙壁和制冷系统管道等工艺设备，在易受碰撞之处，应加防护装置。

4. 利于翻箱

有些货物要定期抽查和翻箱，如鲜蛋。因而要保持空隙，码垛不宜过大过高，一般不超过 3 kg，高度要低于风道口 0.3 m，要留缝通风，墙距 0.3 m，垛距 0.2 m。

5. 利于镀冰衣

不带包装的冻结水产品，冻结脱盘后应立即镀冰。冰衣要均匀透明。镀冰用水必须经预冷却或加冰冷却，水温应低于 4℃。有些货物如鲜肉，堆放后要有利于表面的肉体镀冰衣，因而在堆码时要注意其间距。

6. 堆垛稳固、整齐

货物应堆放稳固、整齐，对于堆放很高的轻质货物，往往在堆码到一定高度后，向内收半件货物后再向上堆码，以保证货垛稳固。

7. 垫木合格

冷藏物料一般是堆放在垫木上。垫木要坚实，要求刨光和经常保持清洁。每次出货，将垫木冲洗干净。

五、库房有效容积计算

仓库储存容积的计算是一个重要的内容，它是仓库管理者制定仓储计划的依据，所以在仓储工作中是不可缺少的工作内容。仓储储存容积是根据仓库的有效面积和货物安全码放高度来进行测算的，是建立在正确测量仓库面积的相关尺寸的基础上。

1. 库房有效容积利用系数

库房有效面积利用系数是仓库储存面积与仓库实际面积的百分比，取决于：

（1）物资的种类。

（2）堆存方式。

另外，容量定额较大的商品，码垛高度应注意单位面积堆放质量不得超过楼板荷载能力。如冰蛋容量定额为 800 kg/m^3，楼板荷载为 2 000 kg/m^2，规定堆码高度为 3.6 m。但是堆放高度为 2.5 m 时，楼板荷载已经达到 2 000 kg/m^2，因此实际堆放冰蛋仅能码高 2.5 m，否则会影响楼板安全，所以计算有效利用率时必须考虑。

2. 库房有效容积计算方法

在储存空间确定的条件下，库房容积的大小取决于商品的平均堆码高度。首先计算库房的有效面积，即以每个库房的建筑净面积减去走道、立柱以及冷却设备和货垛之间距离的面积。需要通风和翻垛的商品，货架之间空隙面积一般占堆货面积的 10% ~15%。计算库房有效高度时，以库房净高扣除垫木和商品离顶棚、顶管、风道的高度。所以：

库房有效容积 = 库房有效面积 × 堆码有效高度

有些冷库由于结构的破坏、楼板荷载能力下降，应该另行制定最高荷载量。在堆放容量定额较大货物时，应注意码垛高度不得超过楼板荷载能力，以防发生事故。

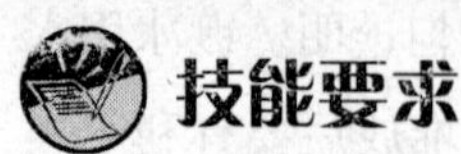

技能要求

堆码作业的组织实施

一、操作准备

仓库堆码作业应及时地进行库场准备，以便能保证入库工作的顺利进行。了解将要入库的货物情况，如货物的品种、类别、数量和到库时间，从而做好货物入库堆码准备工作。货物的入库准备需要做好以下工作：

1. 信息沟通

了解将要入库的货物情况，如货物的品种、类别、数量和到库时间，并且安排堆码人员，熟悉入库货物，掌握仓库库场情况，制订堆码计划，合理组织人力，准备苫垫材料、作业用具。

2. 货位安排

选择和确定货位的原则：

（1）根据货物的尺度、货量、特性、保管要求选择货位。

（2）根据保证“先进先出”“缓不围急”的原则选择货位。

（3）根据出入库频率高低和储存期的长短来选择货位。

（4）根据“大不围小”“重近轻远”的原则选择货位。

（5）根据操作的便利性原则来选择货位。

（6）根据作业量分布均匀的原则来选择货位。

二、操作步骤

步骤1 确定储藏品的种类

了解货物种类，根据不同种类货物特点进行相应准备。根据商品的包装形状、质量和性能特点，结合地面负荷、储存时间，将商品分别堆码成各种垛形。合理地堆垛，能够使商品不变形、不变质，保证商品储存安全。同时，还能够提高仓库的利用率，并便于商品的保管、保养和收发。

要求通风的货物堆码：对需要防潮湿、需通风保管的商品，可在每件货物的前后左右均留出一定的间隔或空隙，码成通风垛，便于散发货物中所含水分和降低垛中的温度。

怕压货物的堆码：为了使货物不致受损，堆码时应根据货物承受力的大小，适当地控制堆码的方式和堆码的高度。对于体形不大或不太特殊的货物，为保证不被压坏，并充分利用库容量，可利用货架摆放。

容易渗漏的货物堆码：此类货物为方便检查，应堆码成小垛，并且成行排列，同时行与行之间也应留有一定的间隔。

要了解储藏品的种类特点、大小、形状，是否便于搬运装卸。对原包装不适应要求的，应事先进行整理、加固或改换包装。了解物品规格、型号、包装标准，对货物进行外观检查，看有无受潮、进水、破损、变形、污染等现象。

步骤 2 确定储藏品的数量

掌握货物数量，设定货物堆码位置、货物堆码顺序，从而有效地利用现有仓库容量，提高作业效率。

步骤 3 确定储藏品的码放方式

根据商品的基本性能、外形等不同，堆垛有各种形式。确定储藏品的码放方式，常见储藏品的码放方式有重叠式、纵横交错式、仰俯相间式、压缝式、宝塔式、通风式、栽柱式、鱼鳞式、衬垫式和架子式等。现在将较为通行的几种方式介绍如下：

1. 重叠式堆垛

逐件逐层向上重叠码高而成货垛，此垛形是机械化作业的主要垛形之一，适于中厚钢板、集装箱等商品，堆码板材时，可逢十略行交错，以便记数。

2. 纵横交错式堆垛

将长短一致，宽度排列能够与长度相等的商品，一层横放，一层纵放，纵横交错堆码，形成方形垛。长短一致的箱装材料可用这种垛形。有些材料一头大、一头小的，要大、小头错开。底面大顶面小，可仰俯相间。如包装统一，可采用“二顶三”“一顶四”等方法，在同一平面内纵横交叉，然后再层层纵横交错堆垛，以求牢固。这种垛形也是机械堆垛的主要垛形之一。

3. 仰俯相间式堆垛

对于可以一层仰放、一层俯放，仰俯相间而相扣，使堆垛稳固。也可以俯放几层，再仰放几层，或者仰俯相间组成小组再码成垛。

4. 压缝式堆垛

将垛底底层排列成正方形、长方形或环行，然后起脊压缝上码。由正方形或长方形形成的垛，其纵横断面呈屋脊形。

5. 宝塔式堆垛

宝塔式堆垛与压缝式堆垛类似，但压缝式堆垛是在两件物体之间压缝上码，宝塔式堆垛则在四件物体的中心上码，逐层缩小。

6. 通风式堆垛

需要防潮湿通风保管的商品，堆垛时每件商品和另一件商品之间都留有一定的空隙以利于通风。

7. 栽柱式堆垛

在货垛的两旁栽上2~3根木柱或钢棒，然后将材料平铺在柱中，每层或间隔几层在两侧相对应的柱子上用铁丝拉紧，以防倒塌。这种堆垛方式适用于机械堆码，应用较为普遍。

8. 衬垫式堆垛

在每层或每间隔几层商品之间夹进衬垫物，利用衬垫物使货垛的横断面平整，商品互相牵制，以加强货垛的稳固性。衬垫物需要视商品的形状而定。这种堆垛方式适用于四方整齐的裸装商品。

9. “五五化”堆垛

“五五化”堆垛就是以五为基本计算单位，堆码成各种总数为五的倍数的货垛，即大的商品堆码成五五成方，小的商品堆码成五五成包；长的商品堆码成五五成行，短的商品堆码成五五成堆，带眼的商品堆码成五五成串。这种堆垛方式过目成数，清点方便，数量准确，不易出现差错，收发快，效率高，适用于按件计量商品。

10. 架式堆垛

架式堆垛是利用货架存放商品，主要用于存放零星或怕压的商品。对于零星或怕压的商品在堆码过程中遇到的最大问题就是如何提高空间利用率。如果采用上述的堆垛方法，零星商品数量小、品种杂，而不能够集中堆码；怕压商品必须降低堆放高度，因此都不利于存储空间的充分利用。这些商品如果使用货架储存就可以提高储存空间的利用率。在库房中货架一行一行地排列，中间留有通道以便取放商品。为了进一步提高库房的面积利用率，还可以采用可移动式货架。移动式货架能够沿着两条导轨做水平方向的移动，这样就可以减少货架间的通道数量。

11. 托盘堆垛

托盘堆垛是近几十年来得到迅速发展的一种堆码方法。它的特点是商品直接在托盘上存放。商品从装卸、搬运入库，直到出库运输，始终不离开托盘，这就可以大大提高机械作业的效率，减少搬倒次数。托盘堆垛的运用范围很广，包装整齐又不怕压的商品可以使用平托盘；散装或零星商品可以使用箱式托盘；怕压或形状不规则的商品，为了增加堆码高度，可以使用立柱托盘。堆码时四根立柱不但承受了上部质量，而且大大增加了稳定性。

随着仓库作业机械化水平的提高，托盘式堆垛将应用得更加广泛。托盘不仅在仓库堆码中被广泛使用，而且逐渐在运输中积极推广使用，这对减少装卸搬运次数、减轻劳动强度、加快商品流通中转具有显著作用。

步骤 4　组织实施堆码

做好机械、人力、材料准备。垛底应该打扫干净，放上必备的垫墩、垫木等垫垛材料，如果需要密封货垛，还需要准备密封货垛的材料等。根据货物要求组织实施堆码。

三、注意事项

1. 分类分区

仓库商品的分区分类储存是根据“四一致”的原则（性能一致、养护措施一致、作业手段一致、消防方法一致），把仓库划分为若干保管区域；把储存商品划分为若干类别，以便统一规划储存和保管。

2. 标识清晰

可采用“标识卡”，根据实际情况可设品名、规格、入库时间与数量、出库时间与数量、使用部门、记录人等。明确商品标识，可缩短商品拣选及收、发作业的时间；能合理使用仓容，提高仓容利用率。

3. 及时快速

堆码过程应该及时、迅速，防止货物滞留，提高进出库效率。为企业提供快速、及时的供给能力。

第 2 节　库房环境维护

学习单元 1　库房温、湿度测定点的选择和调整

学习目标

➤ 掌握库房环境监测作业技术。

➢ 能够选择测定点。

知识要求

一、测定点选择的目的

库内温度、湿度测定点的确定是非常重要的，正确反映库内的温度、湿度，对食品冷加工的品质与储藏期有重要影响。温度、湿度的测量位置也就是传感器的设置场所。对长期的储藏来说，周围环境温度与物体内部温度几乎是相同的。但是，由于库内储藏品数量的增减、存放位置的变化以及工作人员与运输工具的出、入等都会使库内温度分布变化，食品的温度也会随之变化，因此将测定点设在何处是非常重要的。

在长期储藏过程中，要尽量保持稳定的温度和相对湿度，因此，测量温度和相对湿度应在入满库后进行测量，选择适合的测定点。

二、常用冷藏品温、湿度参数

常用于冷却储藏的食品主要有鲜蛋、水果、蔬菜等，用于冻结储藏的食品主要有禽、肉、水产等。它们的储藏温度、湿度见表3—1。

表3—1　　常用冷藏品温、湿度参数表

序号	冷间名称	室温（℃）	相对湿度（%）	适用食品范围
1	冷却物冷藏间	0	85~90	冷却后的肉、禽
2	冷却物冷藏间	-2~0	80~85	鲜蛋
3	冷却物冷藏间	-1~1	90~95	冰鲜鱼
4	冷却物冷藏间	0~2	85~90	苹果、鸭梨等
5	冷却物冷藏间	-1~1	90~95	大白菜、蒜薹、葱头、菠菜、香菜、胡萝卜等
6	冷却物冷藏间	2~4	85~90	土豆、橘子、荔枝等
7	冻结间	-25~-19		肉、禽、兔、冰蛋、冰淇淋等
8	冻结间	-35~-23		鱼、虾等
9	冻结物冷藏间	-20~-15	85~90	冻肉、禽、兔和副产品、冰蛋、冻蔬菜、冰淇淋等
10	冻结物冷藏间	-23~-18	90~95	冻鱼、虾类等
11	储冰间	-6~-4		盐水制冰的冰块

三、冷藏过程中干耗成因及预防措施

冻藏食品的干耗是由于食品表面的冰晶体升华而造成的。而这一升华所需要的热量主要是来自通过传导、辐射方式透过冷库护围外壁传入的热量，冷库房内电灯及操作人员散发的热量，以对流方式从门传入的热量以及由冻结食品本身供给的热量（当食品进入库房温度较高时）。冰晶体的升华不仅使冻藏食品脱水减重，而且冰晶体升华后的地方形成细微空穴（海绵状结构），大大增加了冻藏食品和氧气接触的机会，形成活化层，活化层吸收冷藏库内各种气味，并在氧的作用下，发生脂肪水解、氧化酸败、黄褐变，使冻藏食品的色泽、风味、营养成分和外观变差，导致食品品质恶化。例如，水果、蔬菜的干耗达到5%，就会失去新鲜饱满的外观而出现明显的凋萎现象；鸡蛋在冷却储藏中因水分蒸发而造成气室增大；冻鱼在储藏中因冰晶升华表层出现干燥，并在空气中氧的作用下脂肪氧化酸败，表面黄褐变，不仅外观变差，食味、风味、营养下降，造成直接经济损失。

因此，冻藏食品的干耗是不容忽视的问题，下面简要介绍降低冻藏食品干耗发生的一些有效措施。

1. 减少外界热量传入，减少库温的波动

例如，控制入库食品温度，使之不高于 -15℃；尽量减少操作管理中带进库内的热量，提高货物进出库的机械化程度；控制照明设备、风机运转及工作人员散发的热量，以减少在库内的耗冷量。国外有采用夹套式冷库技术，在冷库内墙与绝热层之间设一夹套结构即冷气夹层。冷风机产生的冷风不进入库内，而在夹套中不断循环，形成冷气夹层包围整个库房，及时带走外界传入的热量，使库内温度十分均匀稳定，这一技术对保证长期存放的非包装食品的质量，减少干耗十分有利。

2. 尽量选用大的冻藏间

在同等情况下，小冻藏间内空气对流运动路线短，同一时间内循环次数加大，热量的转移和冰晶体的升华增加，另外，外界传入冻藏间单位容积的热量比大冻藏间大，因此，冻藏食品在大冻藏间要比小冻藏间内干耗少。

3. 减小冻藏食品与库内空气的温差及库内空气与冷却排管之间的温差

若温差大，将使热交换和冰晶升华加快，干耗增加，而且影响食品品质。因此要求室内空气温度应稳定，进入冷藏间的食品温度应符合要求，入库的食品温度一般应在 -15℃以下，以尽量减少温差，保持库内温度稳定。

4. 减少冻藏食品与空气接触的面积

食品与空气接触的表面积和水蒸发量成正比，因此，用不透气或气密性较好的材料包装食品，使它不直接与空气接触，是减少食品干耗的有效措施之一。根据食品种类的不同，可采用在食品表面包装层上定期喷水镀3 mm厚冰衣的方法，但是要防止水滴在地坪、墙和冷却设备上。对多脂食品如鱼类等，在镀冰衣的水中加入抗氧化剂，这样不仅可以降低干耗，而且还可以防止食品的脂肪被氧化而发生变色、酸败。

对冷库内商品的管理要符合商品管理原则，除必须按品种、等级、包装与不包装、批次分别码垛以外，还应在其表面覆盖篷布，并喷水或碎冰霜（厚度为3～4 cm）形成冰层。覆盖应严密，码垛应紧密、牢固，在堆垛地面上可铺撒碎冰霜（厚度为3～4 cm），同时注意尽量装满库房，这样就能减少干耗。

5. 控制空气流动速度

控制循环空气流过食品表面的速度，能减弱热交换的程度，使得食品表面的饱和空气层不致被破坏，从而食品的干耗就能减少，因此要尽量降低空气的流动速度。一般在冷藏间内采用冷却排管，并且分散分布，可比集中布置的有效面积大，因而可减缓空气流动速度。此外，对半胴体的肉表面，应迎向排风口，使其易形成干燥膜，不会过分干缩。

6. 合理降低冻藏温度

冻结物冷藏间的空气温度越低，食品的干耗就越小，一般冷藏温度为－10℃时，每4.2 kJ的热量侵入库内所引起食品的干耗量为0.3 g左右；当冷藏温度为－18℃时，则干耗为0.15 g。由此可见，用降低冷藏间的空气温度来减少食品的干耗是可取的。国外对冻结食品均采用－30℃低温冷藏，这不但能降低食品的干耗，延长储藏期，还能稳定食品的品质，保持原有的风味与颜色。

7. 尽量提高库内相对湿度

食品所含水分的蒸发量与库内空气相对湿度成反比。在同一温度下，库内空气相对湿度越高，食品水分蒸发量就越小；反之，当空气相对湿度小时，空气中的含水量远离饱和点，为要达到饱和就必须吸收食品的水分，导致食品干耗增大。为此，可尽量使空气相对湿度大一点，适当地进行人工喷水加湿，以减少干耗。但是，鲜蛋、水果等冷却物冷藏间的相对湿度若大于85%，有可能引起霉菌滋长和其他不良后果。因此，相对湿度要适度掌握。

8. 注意食品的堆放

增大堆放密度和加大垛的体积，可以相对减少蒸发表面积，从而减少食品的干耗。冻结肉等非包装食品，在冷库中储藏最好在中、下层或隔热层最好的各冷藏间内，而在上层的各冷藏间最好储藏带有包装的食品，在冷藏间内的西、南面最好冷藏有包装的食品，而非包装或包冰衣的食品则冷藏在热流小的东、北面为好。这样就能减少外界流入库房的热量对食品的影响，因此干耗就减少了。

对冻结肉和禽肉，不允许在未装满的冷藏间中长期冷藏，不允许把没有覆盖保护的冻结肉和有包装的食品堆放在一个冷藏间内，这样也能减少食品的干耗。

9. 用空气冷却器代替顶、墙冷却排管

对于冷藏间中的蒸发器，我国普遍采用的形式是顶、墙冷却排管，它在一定程度上能限制外界传入的热量，使冻结食品在储藏期间干耗较小。但因安装麻烦，除霜不便，难以实现自动控制，故存在不少缺点。现在用空气冷却器代替笨重的顶、墙冷却排管。空气冷却器的安装方式有两种：一种是把空气冷却器装设在库外，用水平风管将冷风送到库内降温；另外一种是将空气冷却器直接装设在库门门斗上部。这样，空气冷却器出口喷出的冷风能够贴附平顶，并且沿着顶、墙回到地坪中间的走道，再被吸入冷风机的底部，使冷风在冷藏间内形成一层薄壁气流，把整个库房的外围护结构包围起来，外界传入的热量就可以及时被带走。而且当库门开启时，由库外流入的热空气也可以立即被吸入空气冷却器的底部，这些都避免了冷藏间温度的波动，从而减少了食品的干耗。

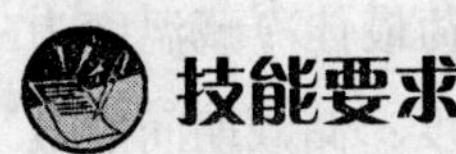

技能要求

库房温、湿度测定点选择和调整

一、库房温、湿度测定点的选择

1. 选择原则

测量仪器应放置在不受冷凝、异常气流、辐射、振动和可能冲击的地方。测定点的多少取决于冷库的容积。温度计的热敏元件应尽可能地放在冷库中有代表性的点上（包括冷点和热点）。

2. 选择步骤

步骤 1 了解标准。了解相应储藏货物需要温度、湿度的具体要求以及相关国家标准。

步骤 2 制定方案。根据标准要求和库房实际能力制定方案，确定温、湿度执行措施。

步骤 3 分析。在存放中及时发现问题，并提出解决方案。

步骤4 选择测定点。温度计应放置在不受冷凝、异常气流、辐射、振动和冲击的地方。悬挂高度1.5 m上下，以能平视观测为宜。测温点的多少视库容定（应包含射流起始回流点）。冷点：库房内空气温度最低的位置点，在风冷式的冷库中冷点常在蒸发器附近的区域内。热点：库房内空气温度最高的位置点。

步骤5 记录。每次测量都应详细记录，其数值以不同测温点的平均值表示。为了准确地测定库房的湿度，通常要根据库房面积的大小、物资性质特点及季节气候情况，适当确定安置温湿度计的地方和数量。一般每日上下午各观测1次，并将记录结果作为调节库房温湿度的依据和研究温湿度变化规律的可靠资料。

二、根据不同冷藏品进行温、湿度的调整

不同产品在库中要进行相应温湿度调节，下面如以葡萄的保存为例进行说明。保鲜库的降温：在入储前三天即可开机降低库温，使库房温度稳定在-1～0℃。强制通风预冷，当库房温度降至-2℃时，对果实进行强制通风降温处理。在24 h之内使果温降至0℃。葡萄预冷时，一次入库量不能超过库容量的15%。暂不能进行果实预冷处理时，需把葡萄放置在阴凉通风处，但不得超过24 h。入库温度：入库期间库房温度尽量避免出现波动，波动幅度不得超过±1℃。葡萄最佳冷藏温度为-1～0℃，不同品种的葡萄还有相应的最适宜冷藏温度。入库湿度：储藏期间的最适宜相对湿度为90%～95%。测量湿度的仪器精度要求在5%以内。为确保库内空气新鲜，还要利用夜间或早上低温时进行通风换气，但要严防库内温、湿度的波动过大。

学习单元2 库房气流组织判断与气体成分分析

学习目标

- 熟悉库房气流组织。
- 掌握气流组织测定作业技术。
- 能够进行库房气流组织测定作业。

知识要求

合理的冷藏库气体流场，可以保证冷量的均匀分配，节约能耗，降低干耗损失，提高货物质量。据调查，目前大多数冷藏库的气流组织欠合理，这是由于冷库大多是凭经验设计建造的。为了获取冷藏库内流场的信息，传统的方法是进行实验测量或做流场可视化研究。这些做法在实际运用中都具有很大的局限性，使用成本也很高，而且也不可能获得整个流场内详尽的信息。计算流体力学（Computational Fluid Dynamics，简称 CFD）是在经典力学、数值计算方法和计算机技术基础上建立起来的新型学科。它通过建立数学物理模型，根据提供的边界条件和参数，可以对速度场、温度场、压力场等诸多物理量进行仿真模拟，从而提供流动区域内精细的气体流场、温度场，因而通过 CFD 研究可以更好地分析冷藏库内流体的流动情况。

一、气流组织

气流组织是指在库房内，为实现某种特定的气流流型而采取的一些技术措施。库内的气流组织将经过处理后的空气送入库内，在与库内周围空气进行热质交换的同时，保持库内一定受控区域内的温度、湿度、风速和清洁度处于所要求的范围内，而且以不同的方式为调节对象排出（或送回）等量的空气，保持空气量的平衡。

1. 常见气流组织形式

冷库最佳的空气分布将会大大改善产品的质量，并且减少能耗，但不幸的是大多数冷库在建造的时候并没有关注气流的分布，因此产生了不好的结果，虽然付出了很多投资，但收效甚微，而且最后的结果是运行很不经济。

冷库目前主要是放置货架，货物以不同的间隔摆放在货架上，当新的货物搬进来的时候，它一般要比房间里的其他货物温度高，这就需要大量的冷空气来消除温差，以保证产品的质量，同时使得冷库运行经济。均匀的温度分布需要空气的良好混合。如果温度梯度可以避免的话，那么关注的焦点应该是空气的分布。房间的层越高，那么从地面到天花板的温差有可能非常大。所以需要了解空气在整个房间的流动，从而确定最优的气流组织方案。而且，需要有对排风有很高灵活性的进风设备，带喷口的纤维织物风管正好能满足这种要求。

冷库加工间的温湿度分布与气流组织方式有关，合理的气流组织方式能使冷库加工间的温湿度分布趋于均匀，减少气流死角；送风风速须综合考虑射程和速度衰减，工作区回流速度≤0.15 m/s。最常用的是上送上回气流组织形式，即用散流器上部均匀送风，带过滤网的单层百叶回风口上部有组织回风，回风道接在靠近空气处理机机房一侧；另外，也可以采用集中式回风，或上送下回的气流组织形式。最常见有空气自然循环和空气强制循环两种形式，其中空气强制循环分为以下几类：

（1）无风道风管

无风道空气分配系统，应保证有足够的气流射程，并应在货堆上部有0.6～1 m的气流扩展空间。在无风道系统中，吊顶式空气冷却器宜设空气导流板；落地式空气冷却器宜设喷嘴，用于库房空气分配。

（2）假天花板

可以铺设假天花板，天花板和屋顶内面结构上要能防止尘埃的积聚和冷凝水的形成，易于清洗。

（3）风道

风道空气分配系统，适用于空气强制循环的冻结间和冷却间，以及设有集中落地式空气冷却器，而货堆上部又缺乏足够的气流扩展空间的冷藏间。风道空气分配系统，应设置送风风道，可利用货物之间的空间作为回风风道。

2. 冷却物冷藏间

冷却物冷藏间内，货垛间平均风速应为0.3～0.5 m/s，冻结物冷藏间内，货垛间平均风速不宜大于0.25 m/s。使用冷风机的冷藏间，一般应采用均匀送风风道，储藏无包装食品时，货垛间平均风速不宜大于0.3 m/s。

冷却物冷藏间的通风换气应符合下列要求：

冷却物冷藏间宜按所储货物的品种设置通风换气装置，换气次数每日不应少于3次；面积大于150 m^2或虽小于150 m^2但不经常开门及地下室（或半地下室）的冷却物冷藏间，宜采用机械通风换气装置。进入冷间的新鲜空气应先经冷却（或加热处理）；新鲜空气的进风口，应设置便于操作的保温启闭装置；冷间内废气应直接排至库外，出风口应设置便于操作的保温启闭装置；新鲜空气入口和废气排出口不宜在同侧开设。若在同侧开设时，排出口应在新鲜空气入口的下侧，两者垂直距离不小于2 m，水平距离不小于4 m。

3. 冻结物冷藏间

冻结间的气流组织应该符合下列要求：

冻结物冷藏间气流应均匀下吹，平均风速应为0.5～1.0 m/s（采用二阶段冷却工艺的，第一阶段风速应为1.5～2 m/s）。盘装食品的气流应均匀横吹，盘间平均风速应为1~3 m/s。

无风道空气分配系统，宜用于装有分区作用的吊顶式空气冷却器或装有集中落地式空气冷却器的冷藏间。

冷间内的通风换气管道、通风管穿越围护结构处及其外侧1.5~2 m长的管段、常温穿堂排气管均须保温。为排出冷却水，排气管道应坡向库外；进气管冷间内的管段应坡向冷风机；风管最低点应有防水措施。

二、气体成分

冷库中主要含有氧气和二氧化碳。氧气的作用是维持新鲜水果蔬菜的吸氧代谢作用。水果蔬菜采摘后过快的有氧呼吸和无氧呼吸都会使水果蔬菜发生老化和腐烂。合理控制环境中氧的浓度，可使果蔬产生微弱的有氧呼吸而不产生无氧呼吸。因此，水果蔬菜保鲜中氧气与二氧化碳的配比是一个关键因素。

还可以适当输入臭氧，臭氧在蔬菜水果储藏中的应用，除了具有杀灭或抑制霉菌生长、防止腐烂作用之外，还具有防止老化等保鲜作用。

另外应注意冷库安全，使用氨制冷的冷库，防止氨气泄漏。

三、库房气体成分测定

1. 气体收集

可以用烧杯收集，进仓库前烧杯内装满水，进仓库后，把水倒掉得到空气样本，然后拿玻片封口。或者用注射器，进仓库后抽取空气后封口。

2. 气体分析

可应用气体成分分析仪，一种能连续自动分析气体成分的仪器。大都是应用物理或物理化学的原理对气体成分进行检测，配以计算机数据处理和显示。目前使用的气体成分自动分析仪有：红外气体分析仪，热导式气体分析仪，磁氧分析仪，气相色谱分析仪等多种。适合对仓库内气体成分快速准确地做出评价。

四、库房气流组织的调控

为使室内的温湿度尽量符合库房要求，如何合理地组织室内空间的气流流动和分布，使室内的温度场、速度场、空间的温湿度有一定的均匀程度和允许的波动范围，是库房中一个不可忽视的技术问题。可以采用不同的送风方式调节气流。送风方式包括单一风机、一拖二风机及夹套式等不同送风方式。

（1）单一风机是冷风由风机出口一端到冷库另一端，穿过货物再循环回到风机。当风机出风余压头不足时，离风机较远处的库内空气不能有效地冷却下来。并且该模式只有一台冷风机，在送风的过程中必然存在空气不能得到有效循环的区域；从而使此区域温度高于库内主流场温度，不利于该区内果蔬的储藏，降低了库容的使用率。

（2）一拖二风机主要特点在于用一台室外机来带动库内两台冷风机。冷风机通常沿着冷库长度方向平均布置，空气流通距离短，可以减少库内流场死角，能够保证一个较均匀的流场。此模式只有一台室外机（一台压缩机），库内制冷剂需要进行重新分配，库内冷风机的结构上需要有分配器，但安装方便，成本低。

（3）夹套式由吊顶及冷风机组成。在这种模式中，先由冷风机把冷风吹入吊顶上的夹套中，再通过吊顶上的送风口进入到库内，从而达到送风均匀消除死区的作用。这种送风模式的主要原理是冷库吊顶内的夹套起静压箱的作用。当冷风机把冷风吹入到夹套之后，由于夹套的静压作用，冷风从吊顶上的送风口均匀从上往下吹；到达库内储藏空间后，由于重力作用和初始速度关系，冷风将向下流动，形成活塞流，从底部进入夹套而循环。该模式能够有效地消除库内储藏空间内的死区，保持比较均匀的流场分布，能较好保证储藏食品的质量。

考虑到库房货物堆码方式的特殊性，机组送风方式应包括前回风、顶出风，为库房提供有效的气流分布，严禁气流短路，并最大限度发挥气流调节能力。发生气流设备应充分考虑空气含尘量，安装过滤装置并便于拆卸清洗。

第3节　冷藏常见问题处理

学习单元1　货垛倒塌处理

学习目标

➢ 掌握堆码安全作业技术。

➢ 能够处理倒垛问题。

知识要求

一、人为因素

人员碰撞、操作不当造成倒塌。应小心搬运货物，要做到轻拿轻放、大不压小、重不压轻、稳固整齐。从货垛上搬下货件时，应确认货垛稳固状态，从上到下阶梯式拿取；滚动货件搬运时随时跟随，不得从货垛底层抽取货物，以防倒塌。要按照安全操作规定使用各种设备，使堆垛作业正确，货垛稳固，防止货垛倒塌及其他毁货伤人的事故。

二、堆码不当

冷库货物应合理堆码，不要超高堆码，以防货垛倒塌伤人和损坏排管。多层码放的箱子，上下箱的四角要对齐，货垛与货垛之间应留出机械或人行通道。堆码严禁超载，即不允许货垛质量超过仓库地面（货架结构）的设计负重，码高层数以不压坏底层商品及包装为原则。

三、其他原因

其他原因包括动物挖洞破坏、产品包装上“堆码极限”错误、货物长期堆积变形，还有在一定温度时，食品的抗压强度小（如冰淇淋等），也是造成食品倒垛的因素。

四、有倒塌趋势的货垛的处理

为防止倒塌、崩塌或掉落，应采取绳索捆绑、护网、挡桩、翻桩、限制高度或变更堆积等必要措施。

五、倒塌后的货垛处理

应及时清理倒塌货物，加固倒塌货堆周边货垛，避免连带反应。对倒塌货物的清理应从外向内，避免二次坍塌。并在指定区域存放倒塌货物，进一步统计损失。如果是供货厂家外包装“堆码极限”出现问题，则有必要拍照记录现场情况，分清责任。

学习单元 2 货位存放不当处理

学习目标

➢ 掌握储藏过程中冷藏品品质下降的原因。

➢ 能够处理存放不当问题。

知识要求

一、存放不当的类型

1. 货垛过高、过大

堆码不宜过高、过大，否则货堆不稳并且不利于货垛防潮和散热。

2. 间距不合理

货垛堆码应安全、方便、节约库房容量，并保持一定距离。

3. 堆垛方式不合理

采取什么样的堆码形式，是由商品的种类、性能、数量和包装情况（包装的体积和形态含量和支撑能力）以及仓库高度、设备条件、地面负荷和保管期限、储存季节等条件来决定的。

二、品质降低及原因

1. 冰结晶生长

冰结晶的长大是由于冰结晶周围的水或水蒸气向冰结晶移动。附着并冻结在它上面的结果。冰结晶的长大，其原因主要在于蒸气压差的存在。冻结食品中还有残留未冻结的水溶液。其水蒸气压大于冰结晶的水蒸气压；在冰结晶中因粒子大小不同，即使同一温度下，其水蒸气压也各异。小冰晶的表面张力大，其水蒸气压要比大冰晶的水蒸气压高。水蒸气总是从蒸气压高的方向向蒸气压低的方向移动，因而小冰晶的水蒸气不断地移向大冰晶的表面、并凝结在它的表面，使大冰晶越长越大，小冰晶逐渐减少、消失。但是，这样的水蒸气移动速度极其缓慢，所以只有在冻结食品长期储藏时才需要考虑此问题。

更多的情况是冻结食品的表面与中心部位之间有温度差，从而产生蒸气压差。如果冷藏室的温度经常变动，当室内空气温度高于冻结食品温度时，冻结食品表面的温度也会高于中心部位的温度，表面冰结晶的水蒸气压高于中心部位冰结晶的水蒸气压，在蒸气压差的作用下，水蒸气从食品表面向中心部扩散，促使中心部位微细的冰结晶生长、变大。这种现象持续发生，就会使食品快速冻结生成的微细冰晶变成缓慢冻结时生成的大块冰晶，给细胞组织造成破坏。

冰结晶是食品在冻结时由食品中的水分形成的冰块。在冻结状态下，一般食品中的酶分解和化学变化几乎都不能进行，这对于食品的储藏和保鲜十分有益。但冰结晶的形成及冷藏中冰结晶的长大等对食品的物理性状和组织性状以及食用时口感的影响却很大。

为了减少冻藏过程中因冰结晶的长大给冻结食品的品质带来的不良影响，可从两个方面采取措施来加以防止。

(1) 采用快速深温冻结方式，使食品中90%的水分在冻结过程中来不及移动，就在原位置变成微细的冰结晶，其大小、分布都较均匀。同时由于冻结终温低，提高了食品的冻结率，使食品中残留的液相减少，从而减少冻结储藏中冰结晶的长大。

(2) 冻结储藏室的温度要尽量低，并要保持稳定、少变动，特别要避免-18℃以上的温度变动。

2. 干耗和冻结烧

食品在冷却、冻结、冻藏的过程中都会发生干耗，因冻藏期限最长，干耗问题也更为突出。冻结食品的干耗主要是由于食品表面的冰结晶直接升华而造成的。

在冻结储藏室内，由于冻结食品表面的温度、室内空气温度和空气冷却器蒸发管表面的温度三者之间存在着温度差，因而也形成了水蒸气压差。冻结食品表面的温度如高于冻结储藏室内空气的温度，冻结食品进一步被冷却，同时由于存在水蒸气压差，冻结食品表面的冰结晶升华，跑到空气中去。这部分含水蒸气较多的空气，吸收了冻结食品放出的热量，密度减小向上运动，当流经空气冷却器时，就在温度很低的蒸发管表面水蒸气达到露点、凝结成霜。冷却并减湿后的空气因密度增大而向下运动，当遇到冻结食品时，因水蒸气压差的存在，食品表面的冰结晶继续向空气中升华。这样周而复始，以空气为介质，冻结食品表面出现干燥现象，并且造成质量损失，俗称干耗。

当冻结储藏室的围护结构隔热不好，外界传入的热量较多；冻结储藏室内收容了品温较高的冻结食品；冻结储藏室内空气温度变化剧烈；冻结储藏室内蒸发管表面温度与空气温度之间温差太大；冻结储藏室内空气流动速度太快等都会使冻结食品的干耗现象加剧。开始时仅仅是冻结食品的表面层发生冰晶升华，长时间后逐渐向里推进，达到深部冰晶升华。这样不仅使得冻结食品脱水，造成质量损失，而且冰晶升华后留存的细微空隙大大增加了冻结食品与空气的接触面积。在氧的作用下，食品中的脂肪氧化酸败，表面发生黄褐变（羰氨反应所引起的结果），它不仅使食品产生哈喇味，而且发生黄褐色的变化，感官、风味、营养价值都变差。这种现象称为“冻结烧（Freezer burn）”。

为了减少和避免冻结食品在冻藏中的干耗和冻结烧，在冷藏库的结构上要防止外界热量的传入，提高冷库外墙围护结构的隔热效果。

3. 褐变

长期储存下，氨基化合物如蛋白质、氨基酸及醛、酮等与还原糖相遇，经过一系列反应生成褐色聚合物的现象称为褐变反应，简称褐变，包括酶促褐变与非酶褐变。不仅影响产品外观质量，降低商品价值，缩短货架寿命和市场销售，而且风味变差，营养价值降低。

例如，蔬菜的变色：植物细胞的表面有一层以纤维素为主要成分的细胞壁，它没有弹性。当植物细胞冻结时，细胞壁就会胀破，在氧化酶的作用下，果蔬类食品容易发生褐变。所以蔬菜在速冻前一般要将原料进行烫漂处理，破坏过氧化酶，使速冻蔬菜在冻藏中不变色。如果烫漂的温度与时间不够，过氧化酶失活不完全，绿色蔬菜在冻藏过程中会变成黄褐色；如果烫漂时间过长，绿色蔬菜也会发生黄褐变，这是因为蔬菜叶子中含有叶绿素而呈绿色，当叶绿素变成脱镁叶绿素时，叶子就会失去绿色而呈黄褐色，酸性条件会促进这个变化。蔬菜在热水中烫漂时间过长，蔬菜中的有机酸溶入水中使其变成酸性的水，会促进发生上述变色反应。所以正确掌握蔬菜烫漂的温度和时间，是保证速冻蔬菜在冻藏中不变颜色的重要环节。

4. 变色

冷藏食物颜色发生变化，颜色变深或褪色。原因包括褐变、氧化、细胞内容物流失等。例如，红色鱼肉的褐变：金枪鱼是红肉鱼类，肌肉中含有大量的肌红蛋白，当鱼类死后，因肌肉中供氧终止，肌红蛋白与氧分离成还原型状态，呈暗红色。如果把鱼肉切开放置在空气中，还原型肌红蛋白就从切断面获得氧气，并与氧结合生成氧合肌红蛋白，呈鲜红色。如果继续长时间放置，含有二价铁离子的氧合肌红蛋白和还原型肌红蛋白都会自动氧化，生成含有三价铁离子的氧化肌红蛋白，呈褐色。

5. 液汁流失

冻结食品因冰结晶会带来组织结构损伤、液汁流失等现象，从而造成产品损失，储藏期缩短。

三、存放不当问题的处理

1. 货垛过高、过大

货垛之间要留出足够宽的走道。一般堆垛高度：液体商品以不超过 2 m、固体商品以不超过 3 m 为宜。

2. 间距不合理

垛与墙、垛与平屋顶（房梁）、垛与灯间距离均不小于 50 cm，垛与人字屋架天花板的天平木下端的距离保持在 10 ~ 20 cm；垛与柱、垛与库房散热器或取暖管道的间距不小于 30 cm；货应堆码在货架上，与地面间距不小于 10 cm；垛与垛之间距离保持 1 m 左右。

3. 堆垛方式不合理

不同的商品，有不同的保管要求，堆码的方法也应有所不同。

（1）需要经常通风的商品

有些商品有散湿、散热的特殊要求，特别是在梅雨季节，应堆通风垛。

（2）怕压的商品

有的商品采用软性的包装，而商品本身受过重的压力容易变坏。有的商品由于包装质量较差，支撑能力低，受重压后，包装和商品都会受到损毁。对这些商品的货垛高度应适当控制。

（3）无外包装而容易变形的商品

无外包装而容易变形的商品承受重压过久就会变形，在储存期间要经常翻桩通风。且这类商品因容易倒桩，不宜堆得过高，如能采用专用货架保管更为适宜。

（4）容易渗漏的商品

桶装、瓶装的液体商品，由于本身的腐蚀性和包装质量的关系，容易发生渗漏情况，堆码时可采取行列式堆垛法。

（5）笨重商品

这类商品由于包装质量过大，在确定码高的层数时，既要考虑仓库的充分利用，又要考虑包装的支撑能力和库房地面的承重力。要留有余地，保持在安全系数之内。

学习单元3 包装破损处理

学习目标

➢ 了解包装损坏原因。

➢ 掌握冷藏品包装破损补救作业技术。

➢ 能够处理包装破损问题。

知识要求

一、包装破损的原因

1. 运输因素

运输过程中如有不慎也会给包装造成损害。运载工具不清洁造成包装污染，运输途中不加盖篷布造成雨淋、日晒，也会造成包装破损、褪色、老化等。装载方法不当造成的包装损害，如：

（1）装载货物不实，货与货之间有空隙，在运输途中造成货物之间互相碰撞、摩擦。

（2）装载货物倒置使内装物液体渗漏对其他包装浸泡和污染。

（3）货物在运载工具上的堆码不当，使底层货物承载过重，造成包装破损。

除此之外，商品在运输过程中还有来自于汽车、火车、轮船、飞机等交通工具的振动等，必须采取相应的措施。

2. 搬运不当

地上放置没有防护措施，会造成漆膜脱落、桶身变形、纸箱散包、四角翻卷、破洞、污染等，将直接影响到商品形象及质量。内装物灌装后尤其是200 L大桶或托盘集合包装，采用叉车搬运或装卸，驾驶员质量意识淡薄，操作技术不过关，时有发生碰撞、翻车等事故，对包装更是造成严重损害。

3. 材料选择不当

包装材料性能、容器结构、包装技术优劣，都会造成包装受损。没有充分考虑产品本身的特性，因此造成产品的破损率很高。另外对包装材料也缺少有效的质量控制，很多生产厂家对其使用的运输包装材料并没有一个量的规定来对其材料进行控制，甚至不知道在哪些性能参数上进行规定。导致许多运输包装的不合格并不是由于设计的不合理，而是由于材料的性能不符合要求造成的。

4. 库内湿度过大

包装破损还受库内湿度变化的影响。湿度升高到一定值时会引起商品的包装发霉、生锈造成商品流失。

5. 其他原因

还有环境的温度，流通的时间，运输方式，内装物的化学性、物理性等相关因素。

二、包装破损的处理

1. 运输因素

在运输途中，尤其是长途运输，必须要加盖篷布进行防雨、防日晒。装载货物时货与货之间空隙要用填充物填实。装载货物方向要正确，避免倒置，堆码要方法正确。

2. 搬运不当

要求企业加强对装卸人员的管理，强化他们的质量意识，制定相应的程序文件，采取适当的防护措施，避免或减小在装卸过程中对包装的损害。

3. 材料选择不当

应该从产品的包装设计和流通环境的改良上同时着手，稳步提高运输包装质量水平，要考虑到商品在流通过程中的各种因素，选择适当的防护包装，真正起到防护内装物的作用。防护材料与内装物不能起化学反应或其他不良反应。选择容器时，应首先考虑其保护功能，然后考虑材料、容器的特点和性能，包括化学、物理学、生物学、形态学等性能。

4. 库内湿度过大

有效地控制库房内湿度，对纸盒、金属等包装材料要避免湿度过大。

5. 其他原因

必须认真研究各方面的因素，采取相应措施，避免和减轻流通过程对包装质量的影响。

思 考 题

1. 储藏品正确堆码的组织原则有哪些?
2. 堆码方式可分为哪两种?
3. 影响堆码作业的因素有哪些?
4. 冷藏品堆码要求是什么?
5. 库房有效容积利用系数如何计算?
6. 冷藏过程中干耗的成因是什么? 应采取怎样的预防措施?
7. 引起倒垛问题的原因有哪些?
8. 储藏过程中冷藏品品质下降的因素有哪些?
9. 冷藏品包装破损的原因是什么? 如何处理?

参考文献

1. 中华人民共和国卫生部. 消毒技术规范［S］. 2006
2. 滕林庆主编. 冷藏工［M］. 北京：中国劳动社会保障出版社，2005
3. 孙凤兰，马喜川主编. 包装机械概论［M］. 北京：印刷工业出版社，2005
4. 《食品安全国家标准　预包装食品标签通则》GB 7718—2011［S］
5. 《预包装特殊膳食食品标签通则》GB 13432—2004［S］
6. 蒋爱民主编. 畜产食品工艺学［M］. 北京：中国农业出版社，2007
7. 蒋爱民主编. 食品原料学［M］. 南京：东南大学出版社，2007
8. 徐幸莲，彭增起，邓尚贵主编. 食品原料学［M］. 北京：中国计量出版社，2006
9. 李晶. 食品包装检验［J］. 包装工程，2006（6）：331－333
10. 张磊. 食品包装材料与食品安全［J］. 上海食品药品监管情报研究，2007（10）：16－19
11. 戴宏民，戴佩华. 食品包装材料安全性及应对［J］. 中国包装，2005（5）：19－24
12. 《水果和蔬菜　冷库中物理条件　定义和测量》GB/T 9829—2008［S］
13. 李明忠，聂玉强主编. 中小型冷库技术［M］. 上海：上海交通大学出版社，2008
14. 聂玉强，李明忠主编. 冷库运行管理与维修［M］. 上海：上海交通大学出版社，2008
15. 周秋淑主编. 冷库制冷工艺［M］. 北京：高等教育出版社，2002
16. 章建浩主编. 食品包装技术［M］. 北京：中国轻工业出版社，2001